中高职教育贯通大数据与会计专业核心课程系列教材

上海商贸职业教育集团

初级财务会计练习册

(第三版)

王莉萍 / 主　编
袁雪飞　顾非非 / 副主编
董惠良　王　芬 / 主　审

立信会计出版社
LIXIN ACCOUNTING PUBLISHING HOUSE

图书在版编目(CIP)数据

初级财务会计练习册 / 王莉萍主编. -- 3 版.
上海：立信会计出版社，2025.5. -- ISBN 978-7-5429-7919-3

Ⅰ. F234.4-44

中国国家版本馆 CIP 数据核字第 2025PF0454 号

责任编辑　王斯龙
美术编辑　吴博闻

初级财务会计练习册(第三版)
CHUJI CAIWU KUAIJI LIANXICE

出版发行	立信会计出版社			
地　　址	上海市中山西路 2230 号	邮政编码	200235	
电　　话	(021)64411389	传　　真	(021)64411325	
网　　址	www.lixinaph.com	电子邮箱	lixinaph2019@126.com	
网上书店	http://lixin.jd.com	http://lxkjcbs.tmall.com		
经　　销	各地新华书店			
印　　刷	常熟市人民印刷有限公司			
开　　本	787 毫米×1092 毫米	1/16		
印　　张	6.25			
字　　数	145 千字			
版　　次	2025 年 5 月第 3 版			
印　　次	2025 年 5 月第 1 次			
书　　号	ISBN 978-7-5429-7919-3/F			
定　　价	20.00 元			

如有印订差错，请与本社联系调换

中高职教育贯通会计专业核心教材系列
编 委 会

主　任： 乔　刚

副主任： 王　芬　王莉萍

委　员：（以下按姓氏拼音为序）

　　　　　陈　妍　龚如彦　洪李萍　黄　兵　蒋永珍

　　　　　梁　永　宋东平　张红军　周蓓蓓　周建国

特聘评审专家

　　　　　董惠良　李　敏

第三版前言

本书是《初级财务会计》(第三版)教材的配套练习册,分别按资金结算会计岗位核算操作、存货会计岗位核算操作、固定资产会计岗位核算操作、融资与投资会计岗位核算操作、职工薪酬会计岗位核算操作、税务会计岗位核算操作、总账会计岗位核算操作七个项目配以应知应会练习,帮助学生课后巩固教材内容。

本书注重夯实财务会计的专业基础知识和技能,题型丰富,由浅入深。每个项目练习分为知识训练、技能训练和综合训练三大板块。其中,知识训练部分分为单项选择题、多项选择题和判断改错题;技能训练部分分为计算题、根据经济业务编制会计分录题;综合训练部分分为案例分析题、会计核算综合实训题。这样的内容安排,能使学生在实践中掌握会计岗位基本职业能力。

本书由上海商业会计学校王莉萍老师负责拟定编写思路和编写大纲,编写"项目6——税务会计岗位核算操作"的配套习题,并负责全书的统稿工作;由上海市工程技术管理学校黄琳琳、倪刘章老师编写"项目1——资金结算会计岗位核算操作"的配套习题;由上海商业会计学校顾非非、王玮和张红军老师分别编写"项目2——存货会计岗位核算操作""项目3——固定资产会计岗位核算操作""项目4——融资与投资会计岗位核算操作"的配套习题;由原上海东海职业技术学院袁雪飞老师编写"项目5——职工薪酬会计岗位核算操作"的配套习题;由上海大众工业学校张雁兰老师与上海工商外国语学院孙刘玉老师合作编写"项目7——总账会计岗位核算操作"的配套习题,并于2025年年初修订。

由于编者学识水平有限,本书难免存在疏漏和不足之处,恳请读者批评指正。

编者

2025年4月

目 录

项目1 资金结算会计岗位核算操作 ·· 001
    1.1 知识训练 ·· 001
    1.2 技能训练 ·· 004
    1.3 综合训练 ·· 008

项目2 存货会计岗位核算操作 ·· 013
    2.1 知识训练 ·· 013
    2.2 技能训练 ·· 017
    2.3 综合训练 ·· 021

项目3 固定资产会计岗位核算操作 ·· 027
    3.1 知识训练 ·· 027
    3.2 技能训练 ·· 029
    3.3 综合训练 ·· 035

项目4 融资与投资会计岗位核算操作 ··· 040
    4.1 知识训练 ·· 040
    4.2 技能训练 ·· 044
    4.3 综合训练 ·· 046

项目5 职工薪酬会计岗位核算操作 ·· 052
    5.1 知识训练 ·· 052
    5.2 技能训练 ·· 055
    5.3 综合训练 ·· 056

项目6 税务会计岗位核算操作 ·· 059
    6.1 知识训练 ·· 059

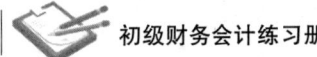

  6.2 技能训练 …………………………………………………………… 062
  6.3 综合训练 …………………………………………………………… 066

项目 7 总账会计岗位核算操作 …………………………………………… 071
  7.1 知识训练 …………………………………………………………… 071
  7.2 技能训练 …………………………………………………………… 079
  7.3 综合训练 …………………………………………………………… 086

项目 1　资金结算会计岗位核算操作

1.1　知识训练

1.1.1　单项选择题

[　　]1. 允许企业保留的库存现金限额一般不得超过本单位(　　)天正常零星开支需要量。
　　　A. 2～3　　　　　B. 3～5　　　　　C. 5～10　　　　D. 5～15

[　　]2. 企业在出售商品时根据日常需求情况或针对不同顾客,在商品价格上给予的折扣被称为(　　)。
　　　A. 商业折扣　　　B. 现金折扣　　　C. 销货折让　　　D. 薄利多销

[　　]3. 企业为了鼓励客户在一定时期内早日偿付货款而给予的价格扣除优惠被称为(　　)。
　　　A. 商业折扣　　　B. 销售折让　　　C. 销售退回　　　D. 现金折扣

[　　]4. 某一般纳税人企业从其他企业购入原材料一批,货款为 200 000 元,增值税额为 26 000 元,对方代垫运杂费 6 000 元。该原材料已经验收入库,货款尚未支付。该购买业务所发生的应付账款的入账价值为(　　)元。
　　　A. 240 000　　　B. 232 000　　　C. 206 000　　　D. 200 000

[　　]5. 在企业现金清查中,经检查仍无法查明原因的现金短款,经批准后应计入(　　)。
　　　A. 财务费用　　　B. 管理费用　　　C. 销售费用　　　D. 营业外支出

[　　]6. 企业发放工资支取的现金,应通过(　　)账户办理。
　　　A. "基本存款"　　B. "一般存款"　　C. "临时存款"　　D. "专项存款"

[　　]7. 企业支付的银行承兑汇票手续费应记入(　　)账户。
　　　A. "管理费用"　　　　　　　　　　B. "财务费用"
　　　C. "营业外支出"　　　　　　　　　D. "其他业务成本"

[　　]8. 下列结算方式中,只能用于同城结算的是(　　)。
　　　A. 汇兑　　　　　B. 托收承付　　　C. 银行本票　　　D. 银行汇票

[　　]9. 企业对现金清查过程中发现的多余现金,未经批准处理之前,应借记"库存现金"账户,贷记(　　)账户。
　　　A. "其他业务收入"　　　　　　　　B. "营业外收入"
　　　C. "待处理财产损溢"　　　　　　　D. "投资收益"

[　　]10. 商业汇票的提示付款期限是(　　)。

A. 由交易双方商定的,但最长不超过 6 个月

B. 由交易双方商定的,但最长不超过 9 个月

C. 自汇票到期日起 10 日内

D. 自汇票出票日起 1 个月内

[ ]11. 商业汇票的承兑期限由交易双方商定,最长不超过( )个月。

  A. 3   B. 5   C. 6   D. 9

[ ]12. 某企业 20×8 年 10 月 1 日开出一张面值为 100 000 元、6 个月到期的商业承兑汇票,票面利率为 5%,则该应付票据 20×9 年 12 月 31 日(资产负债表日)的账面余额为( )元。

  A. 101 500 B. 100 000 C. 101 250 D. 102 500

[ ]13. 开出并承兑的银行承兑汇票到期如果不能支付,则付款人应将应付票据账面余额转入( )账户。

  A. "应收账款" B. "应付账款" C. "管理费用" D. "短期借款"

[ ]14. 下列项目中,不通过"应付账款"账户核算的是( )。

  A. 存入保证金   B. 应付货物的增值税

  C. 应付销货企业代垫运费 D. 应付货物价款

[ ]15. 企业对确实无法支付的应付账款,应转入( )账户。

  A. "其他业务收入"   B. "资本公积"

  C. "盈余公积"   D. "营业外收入"

[ ]16. 下列各项中,不应包括在资产负债表"其他应付款"项目中的是( )。

  A. 预收购货单位的货款 B. 收到出租包装物的押金

  C. 应付租入包装物的租金 D. 职工未按期领取的工资

[ ]17. 某公司 20×9 年 7 月 10 日银行存款余额为 20 万元,同日签发一张金额为 30 万元的转账支票用以支付货款。如果财务部门预计 10 日内肯定没有银行存款收入业务,则该行为属于签发( )。

  A. 远期支票 B. 空白支票 C. 空头支票 D. 无效支票

[ ]18. 采购员李正报销差旅费 600 元,原借款 500 元,正确的会计分录是( )。

  A. 借:管理费用   500
    库存现金   100
    贷:其他应收款——李正   600

  B. 借:管理费用   600
    贷:库存现金   100
     其他应收款——李正   500

  C. 借:管理费用   100
    贷:其他应收款——李正   100

  D. 借:库存现金   600
    贷:其他应收款——李正   600

[ ]19. 预收货款不多的企业,可以不设置"预收账款"账户,由( )账户代替。

  A. "应付账款"   B. "其他应付款"

C. "应收账款" D. "其他应收款"

[ ]20. 当租出包装物收回,退还押金时,应( )账户。
A. 贷记"应付账款" B. 借记"其他应付款"
C. 借记"银行存款" D. 贷记"其他应收款"

[ ]21. 应付账款的入账时间为( )。
A. 收到原始凭证 B. 货物到厂并验收入库
C. 货物所有权发生转移 D. 收到对方货运单

[ ]22. 下列各项中,应通过"其他应付款"账户核算的是( )。
A. 应付现金股利 B. 应交教育费附加
C. 应付租入包装物租金 D. 应付管理人员工资

1.1.2 多项选择题

[ ]1. 下列经济事项中,应在"坏账准备"账户借方核算的有( )。
A. 当期收回以前核销的坏账数额 B. 当期实际计提的坏账准备数额
C. 当期实际冲减的坏账准备数额 D. 当期核销的坏账数额

[ ]2. 下列各项中,可以计提坏账准备的有( )。
A. 存出保证金 B. 代购货单位垫付的运杂费
C. 应收销货款 D. 预付购货款

[ ]3. 按现行《企业会计准则》的规定,下列说法中,正确的有( )。
A. 企业的预付账款,如有确凿证据表明其不符合预付账款性质,或者因供货单位破产、撤销等原因已无望再收到所购货物的,应当将原计入预付账款的金额转入应收账款,并按规定计提坏账准备
B. 企业持有的未到期应收票据,如有确凿证据表明不能够收回或收回的可能性不大时,不应将其账面余额转入应收账款,但应计提相应的坏账准备
C. 企业应当在期末分析各项应收款项的可收回性,并预计可能产生的坏账损失,对预计可能发生的坏账损失计提坏账准备
D. 预付账款不多的企业,可以不设置"预付账款"账户,预付货款的业务在"应付账款"账户核算

[ ]4. 下列说法中,正确的有( )。
A. 核算坏账损失的直接转销法不符合权责发生制原则和配比原则
B. 用备抵法核算坏账损失能更好地贯彻权责发生制原则和配比原则
C. 坏账损失采用备抵法核算体现的是谨慎性原则
D. 坏账损失采用备抵法核算更能体现重要性原则

[ ]5. 根据现行企业会计制度的有关规定,下列项目中,应计提坏账准备的有( )。
A. 应收票据 B. 应收账款 C. 预付账款 D. 其他应收款

[ ]6. 下列各项中,会引起应收账款账面价值发生变化的有( )。
A. 结转到期不能收回的应收票据 B. 计提应收账款坏账准备
C. 将应收账款出售给银行(附追索权) D. 收回已转销的坏账

[ ]7. 下列各项中,不能全额提取坏账准备的有( )。

A. 逾期3年以上且有充分证据表明其收回的可能性极小
B. 计划对应收款项进行债务重组
C. 与关联方发生的应收款项
D. 债务单位因遇自然灾害长期停产而长期无法偿还的应收款项

[　　]8. 下列各项中,可以在"其他应收款"账户中核算的内容有(　　)。
A. 应收的经营租赁租金　　　　　　B. 存出保证金
C. 备用金　　　　　　　　　　　　D. 预付账款转入

1.1.3　判断改错题

[　　]1. 银行汇票存款、银行本票存款和商业汇票存款,均必须通过"其他货币资金"账户核算。
改错：_____

[　　]2. 存出投资款属于其他货币资金。
改错：_____

[　　]3. 应收及预付款项都是企业的短期债权,应收款项的收取对象是货物,预付款项的收取对象是货币资金。
改错：_____

[　　]4. 实行定额备用金制度的企业,需设置"其他应收款——备用金"账户进行核算,也可单独设置"备用金"账户核算。
改错：_____

[　　]5. 商业折扣是为鼓励客户尽快偿付货款而提供的一种价款优惠。
改错：_____

[　　]6. 企业应付的各种赔款、存入保证金都应在"其他应付款"账户中进行核算。
改错：_____

[　　]7. 出纳员在每日终了,应根据现金日记账的发生数与实际库存现金数进行核对,做到账款相符。
改错：_____

[　　]8. 企业销售产品时,以银行存款代购货方垫付的包装费、运杂费时,应借记"应收账款"账户。
改错：_____

1.2　技能训练

1.2.1　计算题

1. 东亚公司为增值税一般纳税人企业,所采购的原材料和销售产品的增值税税率均为13%。20×9年8月月初,银行存款日记账期初余额为256 800元,"其他货币资金"总账期初无余额。8月份,该公司发生以下几笔经济业务：

(1) 向银行申请开具银行汇票141 000元,并取得银行汇票。

(2) 开出支票 75 000 元支付上月的购料欠款。

(3) 购入原材料价税款 113 000 元,以 3 个月期限的银行承兑汇票支付,材料已验收入库。

(4) 销售产品取得不含税销售额 150 000 元,款项收到存入银行,该批产品的销售成本为 120 000 元。

(5) 因临时到外地采购材料而划出银行存款 15 000 元,开设临时存款账户。

要求:根据题意计算下列问题。

(1) 计算东亚公司 8 月月末银行存款日记账余额。

(2) 计算东亚公司 8 月月末其他货币资金余额。

(3) 假设东亚公司期初负债总额是 100 000 元,权益总额是 500 000 元,计算其 8 月月末资产总额。

2. 20×9 年 9 月 1 日,甲公司销售一批商品给乙公司。

(1) 销售价款为 180 000 元,增值税销项税额为 23 400 元,款项尚未收到。

(2) 双方约定付款条件为"2/10, 1/20, n/30",计算现金折扣时考虑增值税。乙公司于 20×9 年 9 月 10 日付款。甲公司采用总价法进行会计核算。

要求:列式计算并编制甲公司相关的会计分录。

(1) 应收账款入账价值。

（2）应享受的现金折扣。

3. 蝴蝶日化公司"其他应收款"账户期初余额为借方 2 500 元,本期支付的存出保证金为 1 000 元,支付预借差旅费 1 000 元,采用定额制备用金的一车间前来报销办公费 1 500 元,出差人员退回多余预支款 100 元(原预支 800 元)。

要求:计算该公司"其他应收款"账户期末余额。

4. 宏远商贸公司本月向华丰酒厂采购材料,收到华丰酒厂发来的材料,华丰酒厂开出的增值税专用发票注明的货款为 300 000 元,增值税额为 39 000 元;宏远商贸公司上月已预付了该材料款的 50%,收料后 1 个月开出支票补付余款。

要求:计算宏远商贸公司收料时预付账款金额,并编制会计分录。

1.2.2 根据经济业务编制会计分录题

1. 光明企业通过银行收回上月支付的包装物押金 1 500 元。
要求:编制会计分录。

2. 光明企业为增值税一般纳税人企业,适用增值税税率为13%。当月赊销一批产品,价格为300 000元,增值税额为39 000元。由于是成批销售,与购货方签订的合同约定给予购货方20%的商业折扣和"2/10,1/20,n/30"(含增值税)的现金折扣,购货方于收货后第15天支付全部款项。

要求:计算并编制相关会计分录。

(1) 签订合同完成销售。

(2) 15天收到货款。

3. 东亚公司因临时到外地采购材料,而向银行申请划出银行存款20 000元,开设临时存款账户。

要求:编制会计分录。

4. 久光企业销售商品一批,增值税专用发票上注明的价款为60万元,适用的增值税税率为13%,为购买方代垫运杂费2万元,货款尚未收回,商品已发出。

要求:编制会计分录。

5. 为民公司为增值税一般纳税人企业,20×8 年 6 月 10 日,该公司向东方公司购入原材料一批,增值税专用发票上注明的价款为 90 000 元,增值税税率为 13%。该批原材料已经验收入库,货款已用商业汇票支付。

要求:编制会计分录。

1.3 综合训练

1.3.1 案例分析题

1. 上海生平化工公司是一家从事工业化工产品生产的企业,创建于 2000 年。通过 20 多年的努力,该公司已建立了一支高素质的工业品营销团队和良好的信誉及口碑,专业供应浸渍纸、木业制胶、人造板、阻燃剂、橡胶助剂、涂料、泡棉、纺织印染、氨基塑料等化工原料。上海生平化工公司的生产经营规模虽然已经逐步扩大,但是日常管理不是非常规范,经常直接使用大额现金采购各种生产所需要的原材料。2024 年 2 月 17 日,为满足将来生产对材料的需要,采购员张强到安徽省某县一些小型化工原料供应处进行选择采购,需要准备现金 50 000 元。张强让公司出纳王华开具 50 000 元的现金支票,出纳王华立即开具,并直接在现金支票上盖上上海生平化工公司财务专用章与法人代表张小军私章,之后王华到银行提取现金 50 000 元,采购员张强办理领款手续。

要求:

(1) 你能说出支票的种类及各自的用途吗?

(2) 本案例中有哪些违规使用支票的行为?

2. 连云港丰泰有限公司是从事机电产品制造和兼营家电销售的国有中型企业,资产总额为 4 000 万元,其中,应收账款为 1 020 万元,占资产总额的 25.5%,占流动资产的 45%。近年来,公司应收账款居高不下,大量货款收不回来,生产大幅度滑坡,公司陷入半停工状态,亏损严重,濒临破产边缘。

20×9 年 3 月,会计师事务所在对丰泰有限公司 20×8 年度会计报表审计时发现,公司对应收账款采用应收账款余额百分比法计提坏账准备。应收账款的构成为:

(1) 被骗的预付账款已逾期 3 年且追回无望,作为应收款项核算,金额为 60 万元。

(2) 账龄长且原销售经办人员已调离,其工作未交接,债权催收难以落实,估计无法收回的应收账款 300 万元。

(3) 账龄较长,回收有一定难度的应收账款 440 万元。

(4) 未发现重大异常,到期后能否收回还不确定的应收账款 220 万元。

要求:

1. 该公司应收账款的核算是否恰当?

2. 该公司应收账款坏账准备的计提方法是否恰当?

1.3.2 会计核算综合实训题

1. 三联商业公司(一般纳税人企业)于 20×9 年 12 月 1 日从东方公司购入乙材料一批,货款为 50 000 元,增值税额为 6 500 元。三联商业公司于当日签发并承兑一张为期 3 个月、面额为 56 500 元的带息银行承兑汇票结算价税款。票据年利率为 6%,支付承兑手续费 56.5 元,材料已验收入库。已知该公司资产负债表日为 12 月 31 日。

要求:编制各业务会计分录。

(1) 12 月 1 日,向银行申请承兑银行承兑汇票。

(2) 12月1日,持票采购材料。

(3) 12月31日,资产负债表日计提银行承兑汇票利息。

(4) 到期偿还银行承兑汇票款项。

(5) 假设到期企业无力偿还银行承兑汇票款项。

2. 甲公司为增值税一般纳税人,适用增值税税率为13%。20×8年9月月初"银行存款"账户期初余额为105 500元。该公司生产经营电子计算器,电子计算器的单位售价为80元(不含税),单位成本价为35元。20×8年9月,公司发生的交易事项有:
(1) 4日,向百金商场销售电子计算器80台,价税款收妥已存入银行。

(2) 10日,开具支票用于支付电子计算器的广告费3 000元。

(3) 15日,用现金支付业务招待费1 000元。

(4) 20日,销售给临安公司的电子计算器110台,产品已发出,价税款尚未收到。

(5) 30日,计提当月短期借款利息3 600元。

(6) 30 日,用银行存款缴纳当月所得税额 180 元。

(7) 银行存款日记账如下表所示。

银行存款日记账

××××年		凭证		摘要	结算凭证		对应科目	收入	付出	结余
月	日	种类	编号		种类	编号				
9	1			期初余额	略	略				
				本期发生额及余额						

要求:编制各交易事项会计分录并登记银行存款日记账。

项目2 存货会计岗位核算操作

2.1 知识训练

2.1.1 单项选择题

[ ] 1. 以下各项,不属于企业存货的是( )。
　　　A. 包装物　　　　　　　　　　B. 低值易耗品
　　　C. 特种储备物资　　　　　　　D. 委托加工物资

[ ] 2. 企业采购原材料时发生的运输途中的合理损耗应计入( )。
　　　A. 管理费用　　B. 营业外支出　　C. 其他业务成本　　D. 材料成本

[ ] 3. 下列税金中,不应计入存货成本的是( )。
　　　A. 一般纳税人企业进口原材料支付的关税额
　　　B. 一般纳税人企业购进原材料支付的增值税额
　　　C. 小规模纳税人企业购进原材料支付的增值税额
　　　D. 一般纳税人企业进口应税消费品支付的消费税额

[ ] 4. 某工业企业为增值税小规模纳税人企业,20×5年4月10日购入材料一批,增值税专用发票上注明的价款为21 200元,增值税额为2 756元。材料入库前的挑选整理费为200元,材料已验收入库。则该企业取得的该材料的入账价值应为( )元。
　　　A. 20 200　　　B. 21 400　　　C. 23 804　　　D. 24 156

[ ] 5. 存货的计价方法一经选用,不得随意改变。这体现了会计核算的( )要求。
　　　A. 重要性　　　B. 及时性　　　C. 可比性　　　D. 谨慎性

[ ] 6. 甲材料期初结存64千克,单价3.20元。本月购入360千克,单价为3元。则甲材料的全月一次加权平均单价为( )元。
　　　A. 3.20　　　　B. 3.03　　　　C. 3.10　　　　D. 3.28

[ ] 7. 某企业8月10日购入甲材料300件,单价为5元;18日购入甲材料400件,单价为6元;24日发出甲材料600件。该企业采用先进先出法计价。则本月发出甲材料的成本为( )元。
　　　A. 3 300　　　B. 3 400　　　C. 3 500　　　D. 3 600

[ ] 8. 按题7资料,该企业采用月末一次加权平均法计价,则本月发出甲材料成本

（　　）元。
A. 3 300　　　　B. 3 342.80　　　　C. 3 400　　　　D. 3 900

[　]9. 某企业采用计划成本进行材料的日常核算。月初结存材料的计划成本为80万元，成本差异为超支20万元。当月购入材料一批，实际成本为110万元，计划成本为120万元。当月领用材料的计划成本为100万元，则当月领用材料应负担的材料成本差异为（　　）万元。
A. 超支5　　　B. 节约5　　　C. 超支15　　　D. 节约15

[　]10. 下列物品中，属于"周转材料——包装物"账户核算的内容是（　　）。
A. 生产中用于包装产品的纸箱　　　B. 一次性的包装材料
C. 纸箱厂生产的纸箱　　　　　　　D. 单位价值较低的一般工具

[　]11. 下列物品中，不属于"周转材料——包装物"账户核算的内容是（　　）。
A. 生产中用于包装产品的纸箱　　　B. 随产品出售单独计价的包装箱
C. 随产品出售不单独计价的包装箱　D. 用于储存库存商品的包装桶

[　]12. 工业企业出借包装物成本摊销时，应借记（　　）账户。
A. "销售费用"　　　　　　　B. "管理费用"
C. "其他业务成本"　　　　　D. "营业外支出"

[　]13. 随产品出售不单独计价的包装物，其成本结转时，应借记（　　）账户。
A. "销售费用"　　　　　　　B. "主营业务收入"
C. "其他业务收入"　　　　　D. "管理费用"

[　]14. 某企业生产车间领用模具一批，采用一次摊销法其模具成本应结转记入（　　）账户。
A. "管理费用"　　　　　　　B. "制造费用"
C. "销售费用"　　　　　　　D. "其他业务成本"

[　]15. 下列各项应作为存货核算的是（　　）。
A. 工程物资　　B. 周转材料　　C. 专利权　　D. 机器设备

[　]16. 管理用低值易耗品在采用一次性摊销的情况下，报废时收回的残料价值应冲减（　　）账户的金额。
A. "制造费用"　　　　　　　B. "管理费用"
C. "销售费用"　　　　　　　D. "营业外支出"

[　]17. 企业对于已记入"待处理财产损溢"账户的存货盘亏及毁损事项进行会计处理时，应计入管理费用的是（　　）。
A. 管理不善造成的存货净损失　　B. 自然灾害造成的存货净损失
C. 应由保险公司赔偿的存货损失　D. 应由过失人赔偿的存货损失

2.1.2　多项选择题

[　]1. 下列各项中，构成企业外购存货入账价值的有（　　）。
A. 买价　　　　　　　　　　B. 运杂费
C. 运输途中的合理损耗　　　D. 支付的增值税

[　]2. 下列货物不属于企业存货的有（　　）。

A. 已售出但尚未运出本企业的库存商品　B. 准备在下个月购买的原材料
C. 委托外单位代销的商品　　　　　　D. 用来建造办公楼的工程物资

[　　]3. 购入存货时，以下各项应计入商品流通企业存货成本的有(　　)。
A. 买价　　　　　　　　　　　　　　B. 运输费
C. 入库前的整理挑选费　　　　　　　D. 进口关税

[　　]4. 下列各项中，应作为材料采购实际成本的有(　　)。
A. 制造费用　　　　　　　　　　　　B. 进口关税
C. 入库前的整理挑选费　　　　　　　D. 运输费

[　　]5. 下列各项中，应计入购入材料成本的有(　　)。
A. 不含税买价　　　　　　　　　　　B. 采购材料的运杂费
C. 运输途中合理损耗　　　　　　　　D. 入库后的挑选整理费用等

[　　]6. 企业对发出材料的成本按实际成本计价，其具体的计价方法有(　　)等。
A. 个别计价法　　　　　　　　　　　B. 计划成本法
C. 加权平均法　　　　　　　　　　　D. 先进先出法

[　　]7. 贷方可以用"材料成本差异"账户来登记(　　)。
A. 购进材料实际成本小于计划成本的差额
B. 购进材料实际成本大于计划成本的差额
C. 发出材料应负担的超支差异
D. 发出材料应负担的节约差异

[　　]8. 下列各项中，应记入"销售费用"账户核算的有(　　)。
A. 出租包装物的修理费
B. 随产品出售不单独计价的包装物成本
C. 出借包装物的修理费
D. 随产品出售单独计价的包装物成本

[　　]9. 下列各项中，不应记入"其他业务成本"账户核算的有(　　)。
A. 出租包装物成本的摊销
B. 出借包装物成本的摊销
C. 随产品出售单独计价的包装物成本
D. 生产产品领用的包装物成本

[　　]10. 采用一次摊销法时，低值易耗品摊销可能借记的账户有(　　)。
A."财务费用"　　B."管理费用"　　C."制造费用"　　D."销售费用"

[　　]11. 一般纳税人委托其他单位加工材料，应记入新材料成本的项目有(　　)。
A. 加工耗用材料的实际成本　　　　　B. 不含增值税的加工费用
C. 往返的运杂费　　　　　　　　　　D. 不能抵扣的增值税

[　　]12. 下列各项中，构成企业委托加工物资成本的有(　　)。
A. 加工中实际耗用物资的成本
B. 支付的加工费用和保险费用
C. 收回后直接销售物资的代收代缴消费税
D. 收回后继续加工物资的代收代缴消费税

[ ]13. 下列与存货相关会计处理的表述中,正确的有(   )。
   A. 应收保险公司存货损失赔偿款计入其他应收款
   B. 资产负债表日存货应按成本与可变现净值孰低计量
   C. 按管理权限报经批准的盘盈存货冲减管理费用
   D. 结转商品销售成本的同时转销其已计提的存货跌价准备

[ ]14. 下列各项中,关于企业存货表述正确的有(   )。
   A. 存货应按照成本进行初始计量
   B. 存货成本包括采购成本、加工成本和其他成本
   C. 存货期末计价应按照成本与可变现净值孰低计量
   D. 存货采用计划成本核算的,期末应将计划成本调整为实际成本

2.1.3 判断改错题

[ ] 1. 盘盈存货按同类或类似存货的市场价格入账。
   改错：_____

[ ] 2. 存货期末计量按实际成本进行。
   改错：_____

[ ] 3. 永续盘存制是一种以存计销、以存计耗的盘存方法。
   改错：_____

[ ] 4. 实地盘存制平时只计收入的数量和金额,不计发出数量。
   改错：_____

[ ] 5. 购进原材料在运输途中发生的合理损耗应单独进行账务处理。
   改错：_____

[ ] 6. 盘亏的存货属于非常损失的,在减去过失人或者保险公司等赔款和残料价值后,计入当期管理费用。
   改错：_____

[ ] 7. 采购人员的差旅费,属于采购费用,应包括在材料采购成本内。
   改错：_____

[ ] 8. 用于企业内部周转使用的包装容器不论单位价值的高低,均作为"固定资产"加以核算。
   改错：_____

[ ] 9. 作为库存商品经营的包装物应记入"库存商品"账户加以核算。
   改错：_____

[ ]10. 出借包装物因不能使用而报废时,应将其残料价值记入"其他业务成本"账户。
   改错：_____

[ ]11. 委托加工物资不属于存货。
   改错：_____

[ ]12. 委托加工物资应支付的增值税不应计入委托加工物资成本。
   改错：_____

[ ]13. 委托加工物资应支付的消费税应计入委托加工物资成本。

改错：_____

[　]14. 商品流通企业在采购商品过程中发生的运杂费等进货费用，应当计入存货采购成本。进货费用数额较小的，也可以在发生时直接计入当期费用。

改错：_____

[　]15. 企业采用计划成本对材料进行日常核算，应按月分摊发出材料应负担的成本差异，不应在季末或年末一次计算分摊。

改错：_____

2.2 技 能 训 练

2.2.1 计算题

1. 某企业原材料采用计划成本法核算。20×9 年 6 月月初结存原材料计划成本为 120 000 元，当月收入原材料的计划成本为 480 000 元，当月发出原材料的计划成本为 400 000元，月初原材料成本差异为节约 4 000 元，当月收入原材料成本差异为超支 5 200元。

要求：

(1) 计算当月原材料的成本差异率。

(2) 计算发出材料的实际成本。

(3) 计算结存材料的实际成本。

2. 某商场采用毛利率法计算期末存货成本。甲类商品 20×9 年 4 月 1 日期初成本为 35 000 000 元，当月购货成本为 5 000 000 元，当月销售收入为 45 000 000 元。甲类商品第一季度实际毛利率为 25%。

要求：计算该商场 20×9 年 4 月 30 日甲类商品结存成本。

3. 某百货公司采用售价金额核算法进行核算。20×9 年 6 月期初库存商品的进价成本为 900 000 元,售价总额为 1 000 000 元;本月购进该商品的进价成本为 675 000 元,售价总额为 800 000 元,本月销售收入为 1 200 000 元。

要求:计算该公司 20×9 年 6 月 30 日商品结存成本。

2.2.2 根据经济业务编制会计分录题

1. 材料按实际成本计价的核算

某企业 20×9 年 3 月份发生下列有关材料收发的经济业务:

(1) 从本地购入原材料一批,增值税专用发票上注明原材料价款为 30 000 元,增值税额 3 900 元。材料已验收入库,发票账单等结算凭证已收到,货款已通过银行支付。

(2) 从外地采购原材料一批,增值税专用发票上注明原材料价款为 10 000 元,增值税额 1 300 元,运费发票为 500 元,增值税额 45 元。发票账单等结算凭证已到,货款已通过银行支付,但材料尚未到达。

(3) 上述在途材料已经到达,并验收入库。

(4) 从外地购进原材料一批,增值税专用发票上列明原材料价款为 25 000 元,增值税额 3 250 元;供货单位代垫运费发票 1 200 元,增值税额 108 元;签发一张 1 个月后到期的商业承兑汇票结算原材料价款和运费;材料尚未验收入库。

(5) 根据与 A 公司合同规定,预付采购丁材料货款 40 000 元。

(6) 上述从 A 公司采购的材料已运到并验收入库,收到发票账单等结算凭证。增值税专用发票上列明原材料价款 68 000 元,增值税额 8 840 元。用银行存款补付 36 840 元货款。

(7) 月末,从外地购入原材料一批,材料已验收入库,但结算凭证未到,货款尚未支付,暂估价 15 000 元。

(8) 该月发出材料按领用部门和用途,汇总编制发料凭证汇总表如下表所示。

发料凭证汇总表
20×9 年 3 月份 　　　　　　　　　　　　　　　　单位:元

应借科目	原材料	合计
生产成本	110 000	110 000
销售费用	30 000	30 000
管理费用	20 000	20 000
在建工程	10 000	10 000
本月发出合计	170 000	170 000

要求：根据上述资料，编制会计分录。

2. 材料按计划成本计价的核算

某企业为增值税一般纳税人企业，材料的日常收发核算按计划成本计价。20×9年3月1日，库存乙材料有10 000千克，"原材料——乙材料"账户的借方余额为32 000元，"材料成本差异——乙材料"账户的贷方余额为600元，乙材料的计划单位成本为3 200元/1 000千克。3月份发生下列有关材料收发的经济业务：

3月6日，购入乙材料100 000千克，增值税专用发票上注明货款为305 000元，增值税额为39 650元，发生运杂费5 000元，各种款项已用银行存款支付，材料已到货并验收入库。

3月9日，生产车间为生产产品领用乙材料50 000千克。

3月10日，购入乙材料60 000千克，增值税专用发票上注明货款为186 000元，增值税额为24 180元，发生运杂费3 000元，各种款项已用银行存款支付，但材料尚未到货。

3月15日，生产车间为生产产品领用乙材料50 000千克。

3月16日，收到了3月10日购入的乙材料60 000千克，已验收入库。

3月25日，生产车间为生产产品领用乙材料40 000千克。

3月31日，结转本月领用乙材料应负担的材料成本差异。

要求：

(1) 根据上述资料，编制会计分录。

(2) 计算甲材料的本月成本差异率和本月发出乙材料的实际成本。

3. 低值易耗品的核算

(1) 20×9年10月5日,南方公司管理部门领用管理用具一批,其实际成本为1 500元,采用一次摊销法核算。

(2) 20×9年10月8日,南方公司生产车间领用生产工具一批,其实际成本为4 800元,采用五五摊销法核算;假如11月20日,领用的低值易耗品全部报废,残料价值200元。

要求:根据上述资料,编制会计分录。

4. 包装物的核算

某企业包装物采用按实际成本计价,其7月份有关包装物的经济业务如下:

(1) 出租包装物一批,价值50 000元,租金2 000元/月。对方按月支付,收取押金20 000元,包装物按五五摊销法进行摊销。

(2) 企业销售产品时,领用不单独计价的包装物,其实际成本1 500元。

(3) 企业销售产品时,领用单独计价的包装物,其实际成本8 000元,销售收入为10 000元,增值税额为1 300元,款项已存入银行。

要求:根据上述资料,编制会计分录。

5. 委托加工物资的核算

某企业委托甲企业加工材料一批(属于应税消费品),材料的实际成本为50 000元,支付的加工费为13 000元(不含增值税额),支付应当缴纳的消费税6 300元。材料加工完毕验收入库,加工费用等已经支付。双方适用的增值税税率均为13%。该企业材料的日常收发核算按实际成本计价。

要求：根据上述资料，分别按收回加工后的材料直接用于销售和收回加工后的材料用于继续生产应税消费品两种情况，编制会计分录。

6. 存货清查的核算

某企业 12 月份发生以下经济业务：

（1）通过财产清查，发现盘盈甲材料 1 500 千克，按计划成本每千克 1.2 元入账。

（2）经查明，上述盘盈甲材料是由收发计量上的错误造成的。

（3）发现盘亏 A 材料 20 千克，单位实际成本为 5 元，增值税税率为 13%。

（4）经查明，上述盘亏 A 材料属于一般经营损失。

（5）盘亏乙材料 2 000 千克，单位实际成本为 1.5 元，增值税税率为 13%。

（6）经查明，上述盘亏乙材料是由过失人造成的材料毁损，应由过失人赔偿 2 000 元，毁损材料残料变卖价值 200 元。扣除过失人赔偿和残值后的盘亏数，计入管理费用。

（7）毁损丙材料一批，实际成本 500 元。经查明，毁损的丙材料是由自然灾害造成的。

要求：根据以上业务，编制会计分录。

2.3 综合训练

2.3.1 案例分析题

1. 三明工厂甲材料是为专门生产 A 产品购入的，属于不可替代使用的材料。20×9 年 6 月，甲材料收、发、存情况如下：

6 月 1 日，期初余额数量 2 000 千克，单价 2.50 元。

6 月 7 日，购入材料数量 1 500 千克，单价 2.40 元。

6 月 17 日，发出材料数量 3 000 千克，发出的材料中期初库存 1 500 千克，6 月 7 日购入 1 500 千克。

6月23日,购入材料数量1 500千克,单价2.60元。

6月30日,发出材料数量1 000千克,发出的材料中期初库存500千克,6月23日购入500千克。

要求:分析三明工厂对甲材料应该采用什么方法确定发出存货成本,并填列材料明细账,如下表所示。

三明工厂甲材料明细账

年		摘要	收入			发出			结存		
月	日		数量	单价	金额	数量	单价	金额	数量	单价	金额

2. 承接案例分析题1资料。假如三明工厂甲材料平时收发业务不多,且甲材料单价较为稳定,三明工厂需要随时结转出甲材料的发出成本。20×9年6月甲材料收、发、存情况如下:

6月1日,期初余额数量2 000千克,单价2.50元。

6月7日,购入材料数量1 500千克,单价2.40元。

6月17日,发出材料数量3 000千克。

6月23日,购入材料数量1 500千克,单价2.60元。

6月30日,发出材料数量1 000千克。

要求:分析三明工厂对甲材料应该采用什么方法确定发出存货成本,并填列材料明细账,如下表所示。

三明工厂甲材料明细账

年		摘要	收入			发出			结存		
月	日		数量	单价	金额	数量	单价	金额	数量	单价	金额

3. 承接案例分析题1资料。三明工厂本月甲材料收、发、存情况如下：

6月1日，期初余额数量2 000千克，单价2.50元。

6月7日，购入材料数量1 500千克，单价2.40元。

6月17日，发出材料数量3 000千克。

6月23日，购入材料数量1 500千克，单价2.60元。

6月30日，发出材料数量1 000千克。

要求：

(1) 采用月末一次加权平均法计算发出材料成本和结存材料成本。

(2) 填列材料明细账，如下表所示。

三明工厂甲材料明细账
（月末一次加权平均法）

年		摘要	收入			发出			结存		
月	日		数量	单价	金额	数量	单价	金额	数量	单价	金额

4. 承接案例分析题1资料。三明工厂本月甲材料收、发、存情况如下：

6月1日，期初余额数量2 000千克，单价2.50元。

6月7日，购入材料数量1 500千克，单价2.40元。

6月17日，发出材料数量3 000千克。

6月23日，购入材料数量1 500千克，单价2.60元。

6月30日，发出材料数量1 000千克。

要求：

(1) 用移动加权平均法计算6月7日、6月23日购料后加权平均单位成本。

(2) 填列材料明细账,如下表所示。

三明工厂甲材料明细账
(移动加权平均法)

年		摘要	收入			发出			结存		
月	日		数量	单价	金额	数量	单价	金额	数量	单价	金额

2.3.2 会计核算综合实训题

甲公司为增值税一般纳税人企业,采用实际成本进行材料日常核算。假定运费不考虑增值税额。

1. 20×9年8月1日有关账户的期初余额如下表所示。

账户名称	金额(元)
在途物资	4 000
预付账款——D企业	8 000
委托加工物资——B企业	2 000
周转材料——包装物	5 000
原材料	800 000

注:"原材料"账户期初余额中包含上月月末材料已到但发票账单未到而暂估入账的6 000元。

2. 20×9年8月份发生如下经济业务事项:

(1) 1日,对上月月末暂估入账的原材料进行会计处理。

(2) 3日,在途材料全部收到,验收入库。

(3) 8日,从A企业购入材料一批,增值税专用发票上注明的货款为50 000元,增值税额为6 500元。另外,A企业还代垫运费500元,增值税额45元。全部货款已用转账支票付讫,材料验收入库。

(4) 10日,收到上月委托B企业加工的包装物,并验收入库,入账成本为2 000元。

(5) 13日,持银行汇票200 000元从C企业购入材料一批,增值税专用发票上注明的货款为 150 000 元,增值税额为 19 500 元。另支付运费 500 元,增值税额 45 元,材料已验收入库。甲公司收回剩余票款并存入银行。

(6) 18 日,收到上月末估价入账的材料发票账单,增值税专用发票上注明的货款为 5 000 元,增值税额为 650 元。开出银行承兑汇票承付。

(7) 22 日,收到 D 企业发运来的材料,并验收入库。增值税专用发票上注明的货款为 8 000 元,增值税额为 1 040 元。对方代垫运费 640 元,增值税额 57.6 元。为购买该批材料,上月曾预付货款 8 000 元,收到材料后用银行存款补付余款。

(8) 31 日,根据"发料凭证汇总表",8 月份基本生产车间领用材料 360 000 元,辅助生产车间领用材料 200 000 元,车间管理部门领用材料 30 000 元,企业行政部门领用材料 10 000 元。

(9) 31 日,结转本月随同产品出售不单独计价的包装物的成本 6 000 元。

要求:
(1) 编制甲公司上述经济业务的会计分录(会计分录用纸如下表所示)("应交税费"账户要求写出明细账户)。

会计分录用纸(代记账凭证)

日期	凭证号数	摘要	会计账户及明细账户	过账	借方金额	贷方金额

续表

日期	凭证号数	摘要	会计账户及明细账户	过账	借方金额	贷方金额

(2)计算"原材料"账户 8 月份期末余额。

项目 3　固定资产会计岗位核算操作

3.1　知识训练

3.1.1　单项选择题

[　]1. 下列项目不符合固定资产定义的有(　　)。
　　A. 使用寿命超过一个会计年度的资产　　B. 单位价值在规定标准以上的资产
　　C. 为生产商品而持有的资产　　　　　　D. 为出租而持有的资产

[　]2. 企业外购固定资产时在达到预定可使用状态前发生的可直接归属于该资产的其他支出,如场地整理费、运输费、装卸费、安装费和专业人员服务费等正确的做法是(　　)。
　　A. 作为企业损失处理　　　　　　　　　B. 作为企业管理费用处理
　　C. 作为企业销售费用处理　　　　　　　D. 列入固定资产成本

[　]3. 企业对于固定资产的使用寿命、预计净残值等一经确定后(　　)。
　　A. 不得随意变更　　　　　　　　　　　B. 可以根据实际情况改变
　　C. 可以根据资产使用情况改变　　　　　D. 同类资产之间不能变更

[　]4. 非正常报废的固定资产应(　　)。
　　A. 通过"待处理财产损溢"账户核算　　　B. 通过"固定资产清理"账户核算
　　C. 通过"在建工程"账户核算　　　　　　D. 通过"营业外支出"账户核算

[　]5. 理论上,计算固定资产折旧的过程中不考虑其净残值的折旧方法是(　　)。
　　A. 平均年限法　　　　　　　　　　　　B. 工作量法
　　C. 年数总和法　　　　　　　　　　　　D. 双倍余额递减法

[　]6. 企业采用出包方式购建固定资产,按合同规定预付的工程款,应通过(　　)账户核算。
　　A. "预付账款"　　　　　　　　　　　　B. "应付账款"
　　C. "其他应付款"　　　　　　　　　　　D. "在建工程"

[　]7. 一台机器设备原值 80 000 元,估计净残值 8 000 元,预计可使用 12 年,按直线法计提折旧,则第 2 年应计提折旧为(　　)元。
　　A. 6 600　　　　B. 6 000　　　　C. 7 000　　　　D. 8 000

[　]8. 企业盘盈的固定资产,应在按管理权限报经批准处理前先转入(　　)账户。
　　A. "其他业务收入"　　　　　　　　　　B. "以前年度损益调整"

C. "资本公积" D. "营业外收入"

[ ] 9. 下列固定资产减少业务不应通过"固定资产清理"账户核算的是(　　)。
A. 固定资产的出售 B. 固定资产的报废
C. 固定资产的毁损 D. 固定资产的盘亏

3.1.2　多项选择题

[ ] 1. 下列各项中,会引起固定资产账面价值发生变化的有(　　)。
A. 计提固定资产减值准备 B. 计提固定资产折旧
C. 固定资产改扩建 D. 固定资产中小修理

[ ] 2. "固定资产清理"账户贷方核算的内容包括(　　)。
A. 发生的清理费用 B. 固定资产变价收入
C. 转入清理的固定资产净值 D. 结转的固定资产清理净损失

[ ] 3. 下列项目中,属于企业外购固定资产成本包括的内容有(　　)。
A. 允许抵扣的增值税 B. 专业人员服务费
C. 运输费与装卸费 D. 安装费

[ ] 4. 下列项目中,属于固定资产按经济用途和使用情况等综合分类的有(　　)。
A. 未使用固定资产 B. 不需要固定资产
C. 非生产经营用固定资产 D. 生产经营用固定资产

[ ] 5. 企业在确定固定资产使用寿命时应当考虑的主要因素有(　　)。
A. 预计生产能力或实物产量 B. 预计净残值
C. 法律或者类似规定对资产使用的限制 D. 预计有形损耗或无形损耗

[ ] 6. 下列项目中,影响固定资产折旧因素的有(　　)。
A. 固定资产的使用寿命 B. 固定资产的减值准备
C. 固定资产的净残值 D. 固定资产的原价

[ ] 7. 下列固定资产中,本月不计提折旧的有(　　)。
A. 本月增加的固定资产 B. 本月减少的固定资产
C. 上月增加的固定资产 D. 上月减少的固定资产

[ ] 8. 下列各项中,属于加速折旧法的有(　　)。
A. 平均年限法 B. 工作量法
C. 双倍余额递减法 D. 年数总和法

[ ] 9. 下列各项中,不能在"固定资产"账户核算的有(　　)。
A. 购入正在安装的设备 B. 购入工程物资
C. 支付工程款 D. 购入不需安装的设备

3.1.3　判断改错题

[ ] 1. 所建造的固定资产已达到预定可使用状态,但尚未办理竣工决算的,不应计提折旧。
改错：_____

[ ] 2. 如果企业的固定资产在各期负荷程度相同,则采用平均年限法计算折旧是合

理的。
改错：＿＿＿＿＿＿＿＿＿＿＿＿＿＿＿＿＿＿＿＿＿＿＿＿＿＿＿＿＿＿＿＿＿

[ ]3. 由于自然灾害等原因造成在建工程报废或毁损，应减去残料价值和过失人或保险公司等赔款后的净损失，借记"营业外支出——非常损失"账户。
改错：＿＿＿＿＿＿＿＿＿＿＿＿＿＿＿＿＿＿＿＿＿＿＿＿＿＿＿＿＿＿＿＿＿

[ ]4. 固定资产的日常维护支出是确保固定资产的正常工作状况，在满足固定资产确认条件时将实际发生的支出计入固定资产成本。
改错：＿＿＿＿＿＿＿＿＿＿＿＿＿＿＿＿＿＿＿＿＿＿＿＿＿＿＿＿＿＿＿＿＿

[ ]5. 对于计提的固定资产减值准备，在以后期间价值恢复时，可以转回原已计提的减值准备金额。
改错：＿＿＿＿＿＿＿＿＿＿＿＿＿＿＿＿＿＿＿＿＿＿＿＿＿＿＿＿＿＿＿＿＿

[ ]6. 与固定资产有关的后续支出，符合固定资产确认条件的，应当计入固定资产成本，同时应当终止确认被替换部分的账面价值。
改错：＿＿＿＿＿＿＿＿＿＿＿＿＿＿＿＿＿＿＿＿＿＿＿＿＿＿＿＿＿＿＿＿＿

[ ]7. "固定资产"账户的期末借方余额反映固定资产的账面价值。
改错：＿＿＿＿＿＿＿＿＿＿＿＿＿＿＿＿＿＿＿＿＿＿＿＿＿＿＿＿＿＿＿＿＿

[ ]8. 按工作量法计提折旧的特点是每期提取的折旧额相等。
改错：＿＿＿＿＿＿＿＿＿＿＿＿＿＿＿＿＿＿＿＿＿＿＿＿＿＿＿＿＿＿＿＿＿

[ ]9. 固定资产折旧方法一经确定不得变更。
改错：＿＿＿＿＿＿＿＿＿＿＿＿＿＿＿＿＿＿＿＿＿＿＿＿＿＿＿＿＿＿＿＿＿

[ ]10. 因出售、转让等原因产生的固定资产处置利得或损失应记入"资产处置损益"账户。
改错：＿＿＿＿＿＿＿＿＿＿＿＿＿＿＿＿＿＿＿＿＿＿＿＿＿＿＿＿＿＿＿＿＿

3.2 技 能 训 练

3.2.1 计算题

1. 华明公司某年 6 月份的期初固定资产原值 1 050 000 元。6 月份增加了一项固定资产，入账价值为 75 000 元；同时，6 月份又减少了一项固定资产，原值为 15 000 元。
要求：计算某年 6 月份该公司应提折旧的固定资产原值。

2. 优先公司拥有一台设备，原始价值为 600 000 元，预计可以使用 10 年，预计净残值率为 5%。该公司采用年限平均法计提折旧。

要求：计算该设备的年折旧率、年折旧额、月折旧率和月折旧额。

3. 艾斯公司的一台机器设备采用工作量法计提折旧。原价为 1 530 000 元，预计生产产品产量为 4 500 000 件，预计净残值率为 5%。本月生产产品 76 500 件。
要求：计算该台机器设备的当月折旧额。

4. 大卫公司销售部门有一辆货运卡车，该固定资产原价为 120 000 元，预计总行驶里程为 800 000 千米，预计净残值率为 5%。本月行驶 4 000 千米，该公司采用工作量法计提折旧。
要求：计算单位折旧额、本月折旧额并编制计提本月固定资产折旧的会计分录。

5. 固友公司有一台生产用设备，该固定资产原价为 80 000 元，预计使用年限为 5 年，预计净残值 1 500 元。该公司采用双倍余额递减法计算折旧。
要求：计算该项固定资产的各年折旧额。

6. 申鑫公司有一台生产用机器，该项固定资产原始价值为 600 000 元，预计使用年限为 5 年，预计净残值率为 5%。该公司采用年数总和法计算折旧。
要求：列表计算该项固定资产的各年折旧额，如下表所示。

固定资产折旧表

年份	尚可使用年限(年)	原值-净残值	变动折旧率	每年折旧额	累计折旧

7. 新华公司于20×7年12月购入生产用设备一台,实际支付买价500 000元,增值税税率为13%,支付运费15 000元,税率为9%,保险费50 000元。该设备预计可使用4年,无残值。该公司固定资产折旧采用年数总和法计提。由于操作不当,该设备于20×9年12月报废,责成有关人员赔偿30 000元,收回变价收入20 000元。假设该公司属于增值税一般纳税人,增值税进项税额可以在销项税额中抵扣,不纳入固定资产成本核算。

要求:计算该设备的入账价值、已提的累计折旧、报废时的账面价值和该设备的报废净损失。

3.2.2 根据经济业务编制会计分录题

1. 利康公司购入一台需要安装的机器设备。假设该公司为增值税一般纳税人,增值税进项税额可以在销项税额中抵扣,不纳入固定资产成本核算。

(1)购入机器设备取得的增值税专用发票上注明的设备价款为270 000元,增值税额为35 100元,实际支付装卸搬运费为3 000元,税率为6%,款项已通过银行转账支付。

(2)安装设备时实际支付安装费用15 000元,税率为9%,款项已通过银行转账支付。

(3)机器设备安装完毕后,达到预定可使用状态并交付使用。

要求:编制各业务会计分录。

2. 富华公司自行建造仓库一幢。
（1）购入工程用物资 500 000 元，增值税进项税额 65 000 元，全部用于工程建设。
（2）领用生产用原材料成本 30 000 元。
（3）领用自产产品，实际成本 50 000 元。
（4）工程人员应付工资为 20 000 元。
（5）工程完工并达到预定可使用状态。
要求：编制各业务会计分录。

3. 东方公司将营业厅的建造工程出包给贝达公司，工程总价 1 250 000 元。
（1）按合同规定支付承包单位第一笔工程价款 400 000 元。
（2）按合同规定支付承包单位第二笔工程价款 600 000 元。
（3）工程完工，支付承包单位工程尾款。营业厅达到预定可使用状态，经验收合格后交付使用。
要求：编制各业务会计分录。

4. 东大公司对一生产线进行改扩建。

(1) 改扩建前该生产线的原价为 180 000 元,已提折旧 40 000 元,已提减值准备 10 000 元。

(2) 改扩建过程中用银行存款购买工程物资 60 000 元,工程物资取得时的进项税额 7 800 元,全部用于生产线的改扩建。

(3) 领用生产用原材料 10 000 元。

(4) 发生改扩建人员应计工资 16 000 元,同时以银行存款支付工程其他费用 12 300元。

(5) 该生产线完成了改扩建,达到预定可使用状态。

要求:编制各业务会计分录。

5. 申花公司对自己使用的办公楼进行日常修理,修理过程中领用生产用原材料一批,价值为 260 000 元。该批原材料的增值税进项税额为 33 800 元,应支付维修人员薪酬为33 000元,以银行存款支付办公楼的维修费 40 000 元。

要求:编制各业务的会计分录。

6. 盛华公司报废一栋厂房。

（1）该厂房原始价值 900 000 元，已提折旧 800 000 元，因使用期满经批准报废后转入清理。

（2）清理过程中，以银行存款支付清理费用 16 000 元，无增值税专用发票。

（3）一部分残料作价 26 000 元，用于维修用材料，已经入库；另一部分残料变卖，收入 20 000 元，增值税额为 2 600 元，存入银行。

（4）该项固定资产清理完毕，结转清理净损益。

要求：编制各业务会计分录。

7. 利顺公司出售一台生产用的设备。

（1）该设备原始价值为 330 000 元，累计折旧金额为 99 000 元，已计提减值准备的金额为 13 000 元。经批准转入清理。

（2）在清理过程中，以银行存款支付清理费用 6 000 元，系装卸费，取得增值税专用发票，增值税额 540 元。

（3）设备出售价格为 230 000 元，增值税税率为 13%，存入银行。

（4）该项资产清理完毕，结转清理净损益。

要求：编制各业务会计分录。

8. 美华公司年末对企业全部的固定资产进行盘查。

（1）盘盈一台6成新的机器设备，该设备同类产品市场价格为100 000元。

（2）发现丢失一台电机，该设备原价100 000元，已计提折旧30 000元，购入时增值税税额为13 000元，并已提减值准备20 000元。

（3）经查，设备丢失的原因在于设备管理员看守不当。经批准，由设备管理员赔偿15 000元。

（4）收到设备管理员的现金赔款。

要求：编制各业务会计分录。

3.3 综合训练

3.3.1 案例分析题

1. 大理公司"固定资产"账户月初余额为5 000 000元，假设无已提足折旧仍继续使用的固定资产和单独计价入账的土地。在固定资产计提折旧的情况如下：生产车间计提折旧60 000元，机器设备计提折旧77 000元；管理部门房屋建筑物计提折旧70 000元，办公设备计提折旧33 000元；销售部门运输车辆计提折旧54 000元，销售部门房屋建筑物计提折旧44 000元。本月新购置一台不需要安装的生产用设备，取得的增值税专用发票上注明的价款为500 000元，增值税税率为13%，预计使用寿命为10年，预计净残值率为5%，已投入使用。假设该公司属于增值税一般纳税人，增值税进项税额可以在销项税额中抵扣，不纳入固定资产成本核算；采用年限平均法计提折旧。

要求：

（1）问本月新购置的这台不需要安装的生产用设备，是否需要计提折旧？为什么？

(2) 计算本月应计提折旧的固定资产原值。

(3) 计算下月应计提折旧的固定资产原值。

(4) 编制本月新购置设备入账的会计分录。

(5) 编制本月计提固定资产折旧的会计分录。

2. 蜂花公司20×7年9月初增加设备一台,该项设备原值44 000元,预计可使用5年,预计净残值为4 000元,采用年限平均法计提折旧。至20×9年年末,对该项设备进行检查测试后,估计其可收回金额为23 000元。

要求:

(1) 计算该设备的年折旧额。

(2) 计算该设备20×7年应计提的折旧额。

(3) 计算至 20×9 年年末该设备的账面净值。

(4) 至 20×9 年年末,该设备是否有减值?如有,减值损失是多少?

(5) 20×9 年年末,公司对该设备应如何进行会计处理?

3.3.2 会计核算综合实训题

1. 华南公司于 20×9 年 6 月购入一台不需要安装就可以立即投入使用的生产设备,取得的增值税专用发票上注明的设备价款为 585 000 元,增值税额为 76 050 元。在购买该项设备时实际发生的保险费为 4 000 元、保管费为 1 000 元,全部款项以银行存款转账支付。假设该公司属于增值税一般纳税人,增值税进项税额可以在销项税额中抵扣,不纳入固定资产成本核算。该项固定资产预计使用 10 年,预计净残值率为 5%。该公司采用年限平均法计提固定资产折旧。

要求:
(1) 编制华南公司购买该项生产设备的会计分录。

(2) 计算该项生产设备 20×9 年应计提的折旧额。

(3) 编制 20×9 年计提该项生产设备折旧的会计分录。

2. 东明公司为增值税一般纳税人。因生产需要，决定用自营方式建造一间材料仓库。有关资料如下：

(1) 购入工程用专项物资 200 000 元，增值税进项税额为 26 000 元，该批专项物资已验收入库，款项用银行存款付讫。
(2) 领用上述专项物资，用于建造仓库。
(3) 领用本单位生产的水泥一批用于工程建设。该批水泥成本为 20 000 元。
(4) 领用本单位外购原材料一批，用于工程建设。原材料实际成本为 10 000 元。
(5) 应付工程人员工资 20 000 元，用银行存款支付其他费用 9 200 元。
(6) 该仓库于该年度的第 3 个月后完工，达到预定可使用状态，估计可使用 20 年，估计净残值为 20 000 元，采用年限平均法计提折旧。
(7) 如果该仓库使用 5 年后于年底突遭火灾焚毁，残料估计价值 50 000 元，验收入库。用银行存款支付清理费用 20 000 元，注明装卸费用增值税额为 1 800 元。经保险公司核定的应赔偿损失 70 000 元，尚未收到赔款。公司确认了该仓库的毁损损失。

要求：
(1) 计算该仓库达到预定可使用状态时的入账价值。

(2) 计算该仓库第 1 个会计年度应计提的折旧额。

(3) 编制与上述业务(1)~(6)相关的会计分录。

(4) 编制业务(7)清理该仓库的会计分录。

项目 4　融资与投资会计岗位核算操作

4.1　知 识 训 练

4.1.1　单项选择题

[　　] 1. 甲有限责任公司发生的下列事项中,不能引起"实收资本"账户发生增减变动的是(　　)。
　　A. 接受投资者投入固定资产　　　　B. 接受存货投资
　　C. 经批准将资本公积转增资本　　　D. 用盈余公积弥补亏损

[　　] 2. 甲公司于 20×9 年 11 月 21 日支付价款 2 020 万元(含已宣告但尚未发放的现金股利 20 万元)取得一项股权投资,另支付交易费用 5 万元,划分为交易性金融资产。20×9 年 12 月 28 日,收到现金股利 20 万元。20×9 年 12 月 31 日,该项股权投资的公允价值为 2 080 万元。假定不考虑所得税等其他因素。甲公司 20×9 年因该项股权投资应计入公允价值变动损益的金额为(　　)。
　　A. 60 万元　　B. 80 万元　　C. 75 万元　　D. 0

[　　] 3. 某企业 20×9 年购入 A 上市公司股票并划分为交易性金融资产,共支付款项 2 030万元,其中包括已宣告但尚未发放的现金股利 100 万元、相关交易费用 10 万元。20×9 年 12 月 31 日,该项交易性金融资产的公允价值为 2 000 万元。20×9 年 12 月 31 日该交易性金融资产公允价值变动的金额为(　　)万元。
　　A. 30　　B. 80　　C. 90　　D. 70

[　　] 4. 企业计提短期借款利息时贷方记入的会计账户是(　　)。
　　A. "财务费用"　B. "短期借款"　C. "应收利息"　D. "应付利息"

[　　] 5. 张民、李一元出资 100 000 元注册成立甲有限责任公司,分别收到两人的投资款 50 000 元、50 000 元银行回单。引起"实收资本"账户发生变动的金额是(　　)元。
　　A. −100 000　　B. +50 000　　C. +100 000　　D. −50 000

[　　] 6. 20×9 年 9 月 1 日,甲企业向银行借入一笔期限 2 个月、到期一次还本付息的生产经营周转借款 200 000 元,年利率为 6%。借款利息不采用预提方式,于实际支付时确认。11 月 1 日,甲企业以银行存款偿还借款本息的会计处理正确的是(　　)。

A. 借：短期借款　　　　　　　　　　　　　　　　　200 000
　　　应付利息　　　　　　　　　　　　　　　　　　2 000
　　　贷：银行存款　　　　　　　　　　　　　　　　　202 000
B. 借：短期借款　　　　　　　　　　　　　　　　　200 000
　　　应付利息　　　　　　　　　　　　　　　　　　1 000
　　　财务费用　　　　　　　　　　　　　　　　　　1 000
　　　贷：银行存款　　　　　　　　　　　　　　　　　202 000
C. 借：短期借款　　　　　　　　　　　　　　　　　200 000
　　　财务费用　　　　　　　　　　　　　　　　　　2 000
　　　贷：银行存款　　　　　　　　　　　　　　　　　202 000
D. 借：短期借款　　　　　　　　　　　　　　　　　202 000
　　　贷：银行存款　　　　　　　　　　　　　　　　　202 000

[　　] 7. 企业每期期末计提的长期借款利息(一次还本付息)，对其中应当予以资本化的部分，下列会计处理正确的是(　　)。
　　A. 借记"财务费用"账户，贷记"长期借款"账户
　　B. 借记"财务费用"账户，贷记"应付利息"账户
　　C. 借记"在建工程"账户，贷记"长期借款"账户
　　D. 借记"在建工程"账户，贷记"应付利息"账户

[　　] 8. 下列各项中，会引起交易性金融资产账面价值发生变化的是(　　)。
　　A. 交易性金融资产的公允价值发生变动
　　B. 当交易性金融资产为股权投资时，被投资单位实现净利润
　　C. 当交易性金融资产为债权投资时，确认应该收取的利息
　　D. 当交易性金融资产为股权投资时，被投资单位宣告分派现金股利

[　　] 9. 20×9年1月8日，A企业以赚取差价为目的，从二级市场购入一批债券作为交易性金融资产。债券面值总额为1 000万元，利率为5%，2年期，每年付息一次，该债券为20×8年1月1日发行。取得时公允价值为1 200万元，含已到付息期但尚未领取的20×8年的利息。另支付交易费用30万元，全部价款以银行存款支付。交易性金融资产的入账价值为(　　)万元。
　　A. 1 050　　　　B. 10 000　　　　C. 1 150　　　　D. 1 070

[　　] 10. A公司于20×9年1月5日从证券市场上购入B公司发行在外的股票100万股作为交易性金融资产，每股支付价款6元(含已宣告但尚未发放的现金股利0.5元)，另支付相关费用12万元，不考虑其他因素。A公司交易性金融资产取得时的入账价值为(　　)万元。
　　A. 600　　　　B. 612　　　　C. 550　　　　D. 562

[　　] 11. 除取得时已记入应收项目的现金股利或利息外，交易性金融资产持有期间获得的现金股利或利息应(　　)。
　　A. 冲减交易性金融资产　　　　　　B. 冲减财务费用
　　C. 冲减应收股利　　　　　　　　　D. 计入投资收益

4.1.2 多项选择题

[ ] 1. 下列各项中,不通过"资本公积"账户核算的有（　　）。
  A. 接受固定资产捐赠　　　　　　B. 划转无法支付的应付账款
  C. 固定资产的盘盈　　　　　　　D. 股本溢价

[ ] 2. 下列项目中,最终能引起资产和所有者权益同时减少的项目有（　　）。
  A. 计提短期借款的利息　　　　　B. 计提行政管理部门固定资产折旧
  C. 计提坏账准备　　　　　　　　D. 管理用无形资产摊销

[ ] 3. 股份有限公司采用回购本公司股票方式减资,在注销的时候,下列说法中不正确的有（　　）。
  A. 应按股票面值和注销股数计算的股票面值总额减少股本
  B. 应按股票面值和注销股数计算的股票面值总额减少库存股
  C. 应按股票面值和注销股数计算的股票面值总额增加股本
  D. 应按股票面值和注销股数计算的股票面值总额增加库存股

[ ] 4. 交易性金融资产账户借方登记的内容有（　　）。
  A. 交易性金融资产的取得成本
  B. 资产负债表日其公允价值高于账面余额的差额
  C. 取得交易性金融资产所发生的相关交易费用
  D. 资产负债表日其公允价值低于账面余额的差额

[ ] 5. 下列各项中,仅引起所有者权益内部结构发生变动而不影响所有者权益总额的有（　　）。
  A. 用盈余公积弥补亏损　　　　　B. 用盈余公积转增资本
  C. 股东大会宣告分配现金股利　　D. 实际发放股票股利

[ ] 6. 甲公司为增值税一般纳税人。20×9年年初,甲公司收到乙公司投入设备,增值税专用发票上注明的价款为120万元,增值税额为15.6万元。合同约定设备的公允价值与投入价值一致,甲公司收到乙公司投资后注册资金共1 000万元,乙公司占10%的股权。以下会计处理正确的有（　　）。
  A. 实收资本入账金额为100万元
  B. 接受投资产生的溢价35.6万元
  C. 实收资本增加20万元
  D. 准予抵扣的进项税额15.6万元

[ ] 7. 企业发生的下列事项中,不影响投资收益的有（　　）。
  A. 期末交易性金融资产的公允价值小于账面余额
  B. 期末交易性金融资产的公允价值大于账面余额
  C. 交易性金融资产持有期间实际收到包含在买价中的现金股利
  D. 交易性金融资产发生的交易费用

[ ] 8. 下列各项中,能够引起负债和所有者权益项目总额同时发生变动的有（　　）。
  A. 用盈余公积弥补亏损
  B. 股东大会宣告将提取的法定盈余公积用于发放现金股利

C. 为建造固定资产按面值发行一次还本付息的 3 年期债券
D. 经股东大会批准宣告分配现金股利

[　　]9. 核算短期借款利息时,可能用到的会计账户有(　　)。
A. "财务费用"　　B. "应付利息"　　C. "银行存款"　　D. "短期借款"

[　　]10. 核算长期借款利息时,可能用到的会计账户有(　　)。
A. "财务费用"　　B. "应付利息"　　C. "银行存款"　　D. "长期借款"

4.1.3　判断改错题

[　　]1. 交易性金融资产按公允价值进行后续计量,且公允价值变动计入当期损益。
改错：_____

[　　]2. 到期还本付息的短期借款,如果利息金额不大,在实际支付时直接不计入当期损益。
改错：_____

[　　]3. 企业为取得交易性金融资产发生的手续费、税金等应计入交易性金融资产的初始成本。
改错：_____

[　　]4. 企业用盈余公积弥补亏损时,应借记"盈余公积"账户,贷记"利润分配——盈余公积补亏"账户。
改错：_____

[　　]5. 企业股东大会或类似机构通过的利润分配方案中确定分配的现金股利或利润,应确认为应付股利。
改错：_____

[　　]6. 股份有限公司发行股票时,按照实际收到的款项,借记"银行存款"账户,贷记"股本"账户。
改错：_____

[　　]7. 资本公积是企业从历年实现的利润中提取或形成的留存于企业的,来源于企业生产经营活动实现的利润。
改错：_____

[　　]8. 资产负债表日,企业应将交易性金融资产的公允价值变动记入"资本公积——其他资本公积"账户。
改错：_____

[　　]9. 交易性金融资产期末按公允价值计量,不涉及减值准备的核算。
改错：_____

[　　]10. 企业的长期借款属于筹建期的,且不符合资本化条件的,其利息应记入"财务费用"账户。
改错：_____

[　　]11. 用盈余公积转增资本,不会增加或减少所有者权益总额。
改错：_____

4.2 技能训练

4.2.1 计算题

1. 乙有限责任公司(简称乙公司)由张丽、马波两个股东各出资 50 万元设立,实际收到 100 万元投资。经过 5 年运营,公司决议扩大经营规模,这时 C 投资者有意参加。经各方协商,C 以现金 80 万元出资,确认出资后注册资本达到 150 万元,C 投资者占该公司实收资本总额的三分之一。

要求:
(1) 列式计算乙公司接受 C 投资者记入"实收资本"账户的金额。

(2) 列式计算乙公司接受 C 投资者记入"资本公积"账户的金额。

2. 乙公司于 20×9 年 12 月 12 日支付价款 2 030 万元(含已宣告但尚未发放的现金股利 30 万元)取得一项股权投资,另支付交易费用 6 万元,取得增值税专用发票注明增值税税额为 3 600 元,将其划分为交易性金融资产。20×9 年 12 月 20 日,收到现金股利 24 万元。20×9 年 12 月 31 日,该项股权投资的公允价值为 2 050 万元。假定不考虑所得税等其他因素。

要求:
(1) 列式计算乙公司 20×9 年因该项股权投资计入交易性金融资产成本。

(2) 计算应计入公允价值变动损益的金额。

（3）根据以上资料编制会计分录。

3. 20×9年3月10日,甲公司购入的入账价值为20 000元的股票,另支付交易费用2 000元,取得增值税专用发票,注明增值税额为120元,该股票作为交易性金融资产。20×9年5月20日,收到被投资方分派的现金股利500元。20×9年6月30日,交易性金融资产的公允价值为21 000元。20×9年11月20日,甲公司以25 000元出售该项交易性金融资产。

要求:列式计算甲公司20×9年因该项股权投资计入交易性金融资产的成本、期末计价时计入公允价值变动损益的金额、出售后计入投资收益的金额,并作会计分录。

4.2.2 根据经济业务编制会计分录题

1. 乙有限责任公司由张丽、马波两个股东各出资50万元设立,实际收到100万元投资。经过5年运营,公司决议扩大经营规模,这时C投资者有意参加。经各方协商,C以专利权60万元出资,确认出资后注册资本达到150万元,C投资者占该公司实收资本总额的三分之一。

要求:根据以上资料编制会计分录。

2. 20×8年1月1日,上海华伟有限公司购入甲公司发行的公司债券,该笔债券于20×7年1月1日发行,面值为10 000 000元,票面利率为4%。上年债券利息于下年年初支付。上海华伟有限公司将其划分为交易性金融资产,支付价款为10 400 000元(其中包含已到付息期但尚未领取的债券利息400 000元),另支付交易费用200 000元,取得增值税专用发票注明增值税税额为12 000元。20×8年1月15日,上海华伟有限公司收到该笔债券利息400 000元。20×9年年初,收到持有甲公司的公司债券利息。

要求:根据资料,编制会计分录。

4.3 综 合 训 练

4.3.1 案例分析题

1. 上海美丽装饰有限公司于20×9年1月1日向银行借入一笔生产经营用短期借款共计1 000 000元,期限为6个月,年利率为3%。根据借款协议,该项借款的本金到期后一次归还,利息按季支付。

要求:分析回答问题、列式计算并作相关会计分录。

(1) 编制收到银行贷款的会计分录。

(2) 如何计提利息并支付利息?

(3) 编制到期归还会计分录。

(4) 如果不计提利息直接按照每季度末支付利息应如何作会计分录?

2. 甲公司为增值税一般纳税人,于20×9年12月31日从银行借入资金2 000 000元,借款期限为3年,借款年利率为6%,每年一次付息,到期还本(假设计息按照单利计算),所借款项存入银行。甲公司用该借款在当日购买不需安装的设备一台,价款2 000 000元,增值税额260 000元,另支付保险等费用40 000元,设备已于当日投入使用。

要求:

(1) 甲公司收到长期借款应如何进行会计处理? 固定资产成本入账价值多少元?

(2) 编制计提的长期借款利息及支付利息会计分录。

(3) 甲公司归还长期借款应如何进行会计处理?

(4) 如果在当日购入的设备需要安装2个月才能投入使用,则甲公司应如何计息?

3. 甲公司由投资者 A 和投资者 B 共同出资成立，两人各出资 200 000 元，分别占 50％的股份。经营 3 年后，投资者 A 和投资者 B 决定增加公司资本，并吸收投资者 C 加入该公司，增资后实收资本增加到 900 000 元。经三方协商，一致同意完成下述投入后，三方投资者平均占甲公司的股份。各投资者的出资如下：

(1) 投资者 C 以银行存款投入甲公司 310 000 元。

(2) 投资者 A 将一批原材料投入公司作为增资，该批材料账面价值 95 000 元，合同约定价值 100 000 元。投资者 A 已开具增值税专用发票：价款 100 000 元、增值税额为 13 000元。

(3) 投资者 B 将一项专利权投入公司作为增资，投资合同中约定该专利权价值为 125 000元，增值税进项税额 7 500 元，投资方支付税款，并提供增值税专用发票。

要求：假定以上合同约定的价值都是公允的。根据上述资料，不考虑其他因素，分析并回答下列第(1)～(3)题。

(1) 根据资料"(2)"分析原材料的入账金额是多少？

(2) 根据以上资料，分别计算投资者 A、B、C 的资本溢价金额是多少？

(3) 甲公司接受投资者 C 及 A、B 增资时，应作怎样的会计处理？

4.3.2 会计核算综合实训题

1. 甲公司20×8年3月1日购买B公司发行的股票100万股,成交价为每股10.5元,另支付交易费用60万元,取得增值税专用发票注明增值税进项税额3.6万元,作为交易性金融资产核算。

(1) 20×8年6月30日,该股票每股市价为11元。

(2) 20×8年12月31日,每股市价7元。

(3) 20×9年4月11日,将该股票以每股市价12元出售。

要求:根据上述业务资料,回答下列(1)~(5)题。

(1) 下列说法正确的是( )。
  A. 甲公司购买的交易性金融资产的入账价值是1 050万元
  B. 甲公司购买的交易性金融资产的入账价值是1 110万元
  C. 20×8年6月30日该交易性金融资产应该计提减值准备
  D. 20×8年6月30日该交易性金融资产应该调整期账面价值

(2) 下列关于A公司20×8年会计处理正确的是( )。
  A. 6月30日,应确认公允价值变动损益-50万元
  B. 6月30日,应确认公允价值变动损益50万元
  C. 12月31日,应确认公允价值变动损益-400万元
  D. 12月31日,应确认公允价值变动损益350万元

(3) 20×9年4月11日,关于处置该项交易性金融资产,下列表述正确的是( )。
  A. 处置时,将持有期间的公允价值变动转出,同时,将前期公允价值变动损益转入投资收益
  B. 处置时,将持有期间的其他综合收益的金额转为实际的收益,计入其他业务收入
  C. 处置时,应确认的投资收益为200万元,销售金融商品业务不考虑增值税销项税额
  D. 处置时,应确认的投资收益为500万元,同时还应计算销售金融商品业务产生的增值税销项税额

(4) 你作为甲公司的投资会计,应如何编制会计分录?20×8年的交易性金融资产应如何开设登记T形账户和明细账?填入下表。

交易性金融资产	

20×8年,登记交易性金融资产账户并结出余额。填入下表。

交易性金融资产——成本

年		凭证编号	摘要	借方	贷方	借或贷	余额
月	日						

20×8年,登记交易性金融资产账户并结出余额。填入下表。

交易性金融资产——公允价值变动

年		凭证编号	摘要	借方	贷方	借或贷	余额
月	日						

(5)编制相关业务的会计分录。

2. 上海丽华有限公司于20×9年1月6日设立时收到上海华悦公司作为资本投入的原材料一批,该批原材料投资合同约定价值(不含可抵扣的增值税进项税额)为100 000元,增值税进项税额为13 000元(由上海华悦公司开具增值税专用发票)。假设合同约定的价值与公允价值相符,该原材料的增值税进项税额允许抵扣,不考虑其他因素,原材料按实际成本进行核算。

要求:编制上海丽华有限公司会计分录。相关原始凭证如下。

上海增值税专用发票

开票日期:20×5年1月6日　　　　　　　　　　　　　　　　　No.00197213

购货单位	名　　称:上海丽华有限公司 纳税人识别号:215280104013217 地址、电话:上海市海天路21号 开户行及账号:工行沪海支6200029401003636358	密码区	7/1≫61＜98＞8-＞＊5　加密版本号:01 3/9＞3327867＞383527567 97/＞5-710079＞-08/1312　440004314 ＊38426≫2-23/186≫49　00187967

货物及应税劳务名称	规格型号	单位	数量	单价	金额	税率	税额
甲材料	16 cm	米	100	1 000.00	100 000.00	13％	13 000.00
合计					100 000.00		13 000.00

价税合计(大写)	壹拾壹万叁仟元整	(小写)¥113 000.00

销货单位	名　　称:上海华悦公司 纳税人识别号:215280106521265 地址、电话:上海市北京路254号 开户行及账号:宁波银行黄浦支行 　　　　　　　47000315090020992265	备注	(上海华悦公司发票专用章)

收款人:　　　　　复核:　　　　　开票人:方莉　　　　　销货单位(章):

记　账　凭　证

20×9年1月6日　　　　　　　　　　　编号:
　　　　　　　　　　　　　　　　　　附件　张

摘　　要	一级科目	二级或明细科目	√	借方金额	贷方金额
合　　计					

会计主管:　　　　记账:　　　　审核:　　　　出纳:　　　　制单:

项目 5　职工薪酬会计岗位核算操作

5.1　知 识 训 练

5.1.1　单项选择题

[　]1. 以下各项中,不属于职工薪酬中的"职工"的是(　　)。
　　A. 临时工　　　　　　　　　　B. 独立董事
　　C. 兼职财务人员　　　　　　　D. 为企业提供审计服务的注册会计师

[　]2.《企业会计准则第 9 号——职工薪酬》中规范的职工薪酬不包括(　　)。
　　A. 短期薪酬　　　　　　　　　B. 辞退福利
　　C. 其他长期职工福利　　　　　D. 应缴税金

[　]3. 以下各项中,不属于职工薪酬的是(　　)。
　　A. 出差报销的火车票　　　　　B. 生产工人工资
　　C. 离职后福利　　　　　　　　D. 辞退福利

[　]4. 企业以其自产产品作为非货币性福利发放给职工的,应当按照该产品的(　　),计入相关资产成本或当期损益。
　　A. 市场价格　　B. 重置价值　　C. 历史成本　　D. 公允价值

[　]5. 企业确认的辞退福利,应当计入(　　)。
　　A. 生产成本　　B. 制造费用　　C. 管理费用　　D. 营业外支出

[　]6. 在实际发生时计入当期损益或资产成本的是(　　)。
　　A. 工会经费　　　　　　　　　B. 职工福利费
　　C. 职工教育经费　　　　　　　D. 医保

[　]7. 2014 年修订的《企业会计准则第 9 号——职工薪酬》将以往没有明确说明的(　　)列入了职工范畴。
　　A. 生产工人　　　　　　　　　B. 企业劳务派遣人员
　　C. 外部审计师　　　　　　　　D. 管理人员

[　]8. 生产产品工人的职工薪酬应计入(　　)。
　　A. 存货成本　　B. 管理费用　　C. 制造费用　　D. 营业外支出

[　]9. 以下不属于短期薪酬的是(　　)。
　　A. 职工工资　　　　　　　　　B. 职工福利费
　　C. 利润分享计划　　　　　　　D. 离职后福利

[ ]10. 某公司为化妆品生产企业,共有职工 200 人,其中生产工人 170 人,行政管理人员 30 人。公司以每套成本为 200 元的化妆品发放职工元旦福利,市场不含税售价为每套 300 元,增值税税率为 13%。"应付职工薪酬——非货币性福利"账户金额为(　　)元。
   A. 67 800   B. 60 000   C. 40 000   D. 48 000

[ ]11. 在中国境内有住所的个人,应就(　　)在我国缴纳个人所得税。
   A. 来源于中国境内的所得   B. 来源于中国境外的所得
   C. 来源于中国境内、外的所得   D. 不需要缴纳个人所得税

[ ]12. 中国公民李某 20×9 年全年取得工资、薪金收入 200 000 元。"三险一金"专项扣除每月 2 250 元,享受子女教育、赡养老人两项专项附加扣除合计每月 5 000 元。其当年应纳税所得额为(　　)元。
   A. 15 900   B. 2 780   C. 113 000   D. 53 000

5.1.2 多项选择题

[ ]1. 下列项目中,属于职工薪酬的有(　　)。
   A. 社会保险费   B. 非货币性福利
   C. 养老保险费   D. 辞退福利

[ ]2. 企业职工包括(　　)。
   A. 全职职工   B. 兼职职工   C. 临时职工   D. 董事会成员

[ ]3. 下列项目中,属于职工薪酬的有(　　)。
   A. 企业为职工在职期间和离职后提供的全部货币性薪酬
   B. 企业为职工在职期间和离职后提供的全部非货币性福利
   C. 提供给职工配偶的福利
   D. 提供给职工子女的福利

[ ]4. 下列项目中,属于职工薪酬的有(　　)。
   A. 基本养老保险费
   B. 补充养老保险费
   C. 以购买商业保险形式提供给职工的各种保险待遇
   D. 失业保险费

[ ]5. 下列项目中,说法正确的有(　　)。
   A. 应由生产产品负担的职工薪酬,计入产品成本
   B. 应由在建工程、无形资产负担的职工薪酬,计入建造固定资产或无形资产成本
   C. 应由提供劳务负担的职工薪酬,计入劳务成本
   D. 应由在建工程、无形资产负担的职工薪酬,计入当期损益

[ ]6. 下列项目中,说法正确的有(　　)。
   A. 企业以其自产产品作为非货币性福利发放给职工的,应当根据受益对象,按照该产品的公允价值和相关税费,计入相关资产成本或当期损益,同时确认应付职工薪酬

B. 将企业拥有的房屋等资产无偿提供给职工使用的,应当根据受益对象,将该住房每期应计提的折旧计入相关资产成本或当期损益,同时确认应付职工薪酬

C. 租赁住房等资产供职工无偿使用的,应当根据受益对象,将每期应付的租金计入相关资产成本或当期损益,并确认应付职工薪酬

D. 难以认定受益对象的非货币性福利,直接计入当期损益和应付职工薪酬

[ ] 7. 我国个人所得税的纳税义务人分为居民纳税人和非纳税义务人的标准有(　　)。
A. 住所　　　　　　　　　　　B. 国籍
C. 取得收入的工作地　　　　　D. 居住时间

[ ] 8. 下列各项中,应当按照工资、薪金所得项目征收个人所得税的有(　　)。
A. 劳动分红　　　　　　　　　B. 独生子女补贴
C. 差旅费津贴　　　　　　　　D. 超过规定标准的误餐费

5.1.3　判断改错题

[ ] 1. 职工偶尔的带薪缺勤属于其他长期职工福利。
改错：_____

[ ] 2. 职工薪酬义务的确认是在职工提供服务的会计期间,不是款项应付或者实际支付期间。
改错：_____

[ ] 3. 2014 年修订的《企业会计准则第 9 号——职工薪酬》自 2014 年 7 月 1 日起施行。
改错：_____

[ ] 4. 辞退福利应当于企业不能单方面撤回解除劳动关系计划时进行确认。
改错：_____

[ ] 5. 职工不包括雇佣的临时工。
改错：_____

[ ] 6. 工会经费和职工教育经费不属于职工薪酬的范围,不通过"应付职工薪酬"账户核算。
改错：_____

[ ] 7. 企业向职工提供非货币性福利,直接采用成本计量。
改错：_____

[ ] 8. 企业为职工缴纳的医疗保险费、养老保险费、失业保险费、工伤保险费、生育保险费等社会保险费用和住房公积金,应当在职工为其提供服务的会计期间,根据工资总额的一定比例计算,计入资产成本或当期损益。
改错：_____

[ ] 9. 以购买商业保险形式提供给职工的各种保险待遇,不属于职工薪酬。
改错：_____

[ ]10. 计税工资包括企业以各种形式支付给职工的基本工资、浮动工资以及各类补贴、津贴、奖金等。
改错：_____

5.2 技能训练

5.2.1 计算题

1. 某公司员工张天的月基本工资为 5 400 元。20×9 年 12 月份为 31 天,该员工病假 2 天,事假 3 天,星期休假 8 天,出勤 20 天。根据张天的工龄,其病假工资按基本工资的 90% 计算,病、事假期间没有节假日。要求:按下列几种方法计算该员工 12 月份的计时工资总额。

(1) 按 30 天计算日工资率,按缺勤天数扣月工资。

(2) 按 21.75 天计算日工资率,按缺勤天数扣月工资。

(3) 按 30 天计算日工资率,按出勤天数扣月工资。

(4) 按 21.75 天计算日工资率,按出勤天数扣月工资。

2. 中国公民李某在国内某单位任职，20×9年每月应发工资为20 000元，专项扣除每月4 500元，享受子女教育、赡养老人两项专项附加扣除合计5 000元。

要求：计算李某1～5月预扣预缴个人所得税税额。

5.2.2 根据经济业务编制会计分录题

1. 某企业计算本月应付职工工资总额231 000元，当月支付生产工人工资160 000元，车间管理人员工资35 000元，厂部管理部门人员工资30 200元，销售人员工资5 800元，代扣代缴个人所得税3 000元，实发工资228 000元(转账)。

2. 某公司共有职工300名，其中260名为直接参加生产的职工，40名为总部管理人员。20×9年2月，公司以其自己生产的每台成本为650元的微波炉作为福利发放给全体职工。该微波炉的市场售价为每台800元，适用的增值税税率为13%。

3. 某企业将企业拥有的住房无偿提供给职工居住，当月生产工人无偿居住住房的折旧费22 000元，行政管理人员14 000元，在建工程人员6 000元，研究开发人员8 000元。

4. 通过银行实际发放工资430 000元，发放工资时扣还代垫的职工家属药费26 000元，职工购入负担的房租18 000元，代扣职工个人所得税6 000元。

要求：根据上述资料，分别编制会计分录。

5.3 综合训练

5.3.1 案例分析题

1. 某公司为一家生产白酒的企业，共有职工100名。20×9年7月，公司以其生产的成本为500元一件的白酒和外购的每件不含税价格为200元的啤酒作为福利发放给公司每名职工。该品种的白酒每件售价为800元。该公司适用的增值税税率为13%。该公司以银行存款支付购买啤酒的价款和增值税进项税额，并开具了增值税专用发票。假定

100名职工中,80名为直接生产的职工,20名为总部管理人员。

要求:问该公司如何进行账务处理?

2. 甲公司为液晶电视机生产企业,20×9年11月份有关职工薪酬的资料如下:

(1) 甲公司以其生产的成本为8 000元、售价(含增值税)为每台11 300元的液晶电视机作为福利发放给生产一线职工。甲公司适用的增值税税率为13%。假定甲公司有100名直接参加生产的职工。

(2) 甲公司为总部部门经理级别以上职工每人提供一辆马自达汽车免费使用。该公司总部共有部门经理以上职工30名,假定每辆马自达汽车每月计提折旧1 000元。该公司还为其5名副总裁以上高级管理人员每人租赁一套公寓免费使用,月租金为每套4 000元。

(3) 经董事会批准,即将实施一项员工自愿的裁减计划,估计最可能补偿金额为100万元,而且符合预计负债的确认条件。

要求:根据上述资料,不考虑其他因素,回答下列(1)~(3)不定项选择题。

(1) 下列项目中,不应通过"应付职工薪酬"账户核算的是(　　)。
  A. 以自产的产品作为福利发放给职工　　B. 职工出差报销的差旅费
  C. 职工补充养老保险　　D. 向职工提供企业支付了补贴的商品

(2) 下列各项目中,不应根据职工提供服务的受益对象分配计入相关资产成本或费用的是(　　)。
  A. 因解除劳动关系而给予职工的补偿　　B. 住房公积金
  C. 工会经费和职工教育经费　　D. 以现金结算的股份支付

(3) 下列关于甲公司20×9年5月份职工薪酬的账务处理中,不正确的是(　　)。
  A. 应该记入"生产成本"账户的金额为1 130 000元
  B. 为生产人员和总部部门经理级别以上职工提供的非货币性福利共1 180 000元
  C. 对上述汽车计提折旧时不需通过"应付职工薪酬"账户核算
  D. 应该确认主营业务收入1 000 000元

5.3.2　会计核算综合实训题

某上市公司为增值税一般纳税人,适用的增值税税率为13%。20×9年12月发生与职工薪酬有关的交易或事项如下:

(1) 对行政管理部门使用的设备进行日常维修,应付公司内部维修人员工资1.2万元。

(2) 为公司总部下属25位部门经理每人配备小汽车一辆供工作用,假定每辆汽车每月计提折旧 0.08 万元。

（3）将 50 台自产的单反相机作为福利分配给本公司行政管理人员。该单反相机每台生产成本为 1.2 万元，市场售价为 1.5 万元（不含增值税）。

（4）月末，分配职工工资 150 万元，其中直接生产产品人员工资 105 万元，车间管理人员工资 15 万元，公司行政管理人员工资 20 万元，专设销售机构人员工资 10 万元。

（5）以银行存款缴纳职工医疗保险费 5 万元。

（6）按规定计算代扣代缴职工个人所得税 0.8 万元。

（7）以现金支付职工王某生活困难补助 0.1 万元。

（8）从应付刘经理的工资中，扣回上月代垫的应由其本人负担的医疗费 0.8 万元。

要求：分别编制该上市公司 20×9 年 12 月上述交易或事项的会计分录。

项目6 税务会计岗位核算操作

6.1 知 识 训 练

6.1.1 单项选择题

[   ] 1. 一般纳税人销售粮食的增值税税率是(　　)。
   A. 3%　　　　B. 13%　　　　C. 9%　　　　D. 6%

[   ] 2. 小规模纳税人的税率(征收率)是(　　)。
   A. 13%　　　　B. 6%　　　　C. 4%　　　　D. 3%

[   ] 3. 增值税的零税率所适用的范围是(　　)。
   A. 进口商品　　B. 出口商品　　C. 免税商品　　D. 农副产品

[   ] 4. 以下不属于"应交税费——应交增值税"账户的是(　　)。
   A. 进项税额
   C. 转出多交增值税
   B. 进项税额转出
   D. 未交增值税

[   ] 5. 下列情况中,一般纳税人不可以开具增值税专用发票的是(　　)。
   A. 向一般纳税人销售货物　　　　B. 向小规模纳税人销售货物
   C. 向消费者销售货物　　　　　　D. 向一般纳税人销售免税项目

[   ] 6. 下列购进货物或应税劳务已支付的增值税额,允许从销项税额中扣除的是(　　)。
   A. 购进货物用于生产所支付的增值税额,取得普通发票
   B. 购进货物用于职工福利所支付的增值税额,取得专用发票
   C. 购进货物用于生产所支付的运费中所包含的增值税额,取得专用发票
   D. 购进货物用于生产所支付的装卸费中所包含的增值税额,取得普通发票

[   ] 7. 某工业企业是小规模纳税人,某月购进货物支付货款41 200元(含税),该月销售货物的销售额为412 000元(含税),征收率为3%。该月应缴增值税税额是(　　)元。
   A. 6 900　　　　B. 5 100　　　　C. 12 000　　　　D. 6 000

[   ] 8. 某厂为一般纳税人,某年6月销售商品收到不含税销售额2 000 000元;零售收到含税销售额226 000元;购进材料买价为1 000 000元,进项税额为130 000元,增值税税率为13%。该月应缴纳增值税额是(　　)元。
   A. 356 000　　　B. 156 000　　　C. 130 000　　　D. 260 000

[ ]9. 纳税人销售应税消费品时,若销售额为含增值税的,在计算消费税时,其应税消费品时,其应税消费品的销售额等于(　　)。
　　A. 含增值税的销售额÷(1＋增值税税率或征收率)
　　B. 含增值税的销售额÷(1－增值税税率或征收率)
　　C. 含增值额的销售额÷(1－消费税税率)
　　D. 含增值税的销售额÷(1＋消费税税率)

[ ]10. 下列项目中,按照我国《消费税暂行条例》的规定不应征收消费税的有(　　)。
　　A. 酒厂将自产的粮食白酒提供给上级主管部门使用
　　B. 化妆品厂将自制的化妆品作为福利发放给员工
　　C. 摩托车厂将自制的摩托车赠送给摩托车拉力赛赛手使用
　　D. 化妆品厂将自制的化妆品继续用于化妆品的生产

[ ]11. 委托加工的应税消费品,在没有同类消费品销售价格时,按组成计税价格计算,其组成计税价格的计算公式为(　　)。
　　A. (材料成本＋加工费)÷(1＋消费税税率)
　　B. (材料成本＋加工费)÷(1－消费税税率)
　　C. (材料成本＋加工费)÷(1＋增值税税率或征收率)
　　D. (材料成本＋加工费)÷(1－增值税税率或征收率)

[ ]12. 增值税纳税人进行纳税申报必须实行电子信息采集。使用防伪税控系统开具增值税专用发票的纳税人(　　),进行纳税申报。
　　A. 必须在抄报税前
　　B. 可以在抄报税前,也可以在抄报税后
　　C. 在增值税进项发票的认证前
　　D. 必须在抄报税成功后

[ ]13. 增值税纳税申报具体流程为(　　)。
　　A. 抄报税→增值税进项发票认证→纳税申报→税款缴纳
　　B. 抄报税→纳税申报→增值税进项发票认证→税款缴纳
　　C. 增值税进项发票认证→抄报税→纳税申报→税款缴纳
　　D. 纳税申报→抄报税→增值税进项发票认证→税款缴纳

6.1.2　多项选择题

[ ]1. 增值税征税范围包括(　　)。
　　A. 销售应税货物　　　　　　　　B. 提供应税劳务
　　C. 提供应税服务　　　　　　　　D. 转让无形资产和不动产

[ ]2. 下列各项中,属于小规模纳税人认定标准的有(　　)。
　　A. 年销售额在规定标准以下
　　B. 会计核算不健全
　　C. 企业的年利润额在50万元以下
　　D. 不能按规定报送有关税务资料

[ ]3. 一般纳税人增值税税率为6%的有(　　)。

A. 提供研发和技术服务 　　　　B. 提供文化创意服务
C. 提供物流辅助服务 　　　　　D. 提供增值电信服务

[　　] 4. 一般纳税人设置"应交税费——应交增值税"账户,该明细账采用多栏式,借方反映的内容有(　　)。
A. 进项税额 　　　　　　　　　B. 进项税额转出
C. 转出未交增值税 　　　　　　D. 已交税金

[　　] 5. 视同销售货物行为无论会计上是否作为销售处理,只要税法规定需要缴纳增值税额的,均应按照税法规定缴纳增值税额。视同销售的范围除将自产、委托加工或购买的货物无偿赠送他人外,还有(　　)。
A. 将购进的货物用于集体福利或个人消费
B. 将自产、委托加工或购买货物作为投资,提供给其他单位或个体经营者
C. 将自产、委托加工或购买的货物分配给股东或投资者
D. 将自产或委托加工的货物用于集体福利或个人消费

[　　] 6. 下列项目中,进项税额不得从销项税额中抵扣,应从进项税额转出的有(　　)。
A. 用于适用简易计税方法计税项目
B. 非正常损失的购进货物及相关的应税劳务
C. 接受的国内旅客运输服务
D. 纳税人取得的增值税扣税凭证不符合法律、行政法规或者国家税务总局有关规定

[　　] 7. 城市维护建设税按纳税人所在地的不同,设置了地区差别比例税率,包括(　　)。
A. 纳税人所在地不在城市市区,在县城、建制镇的,税率为1%
B. 纳税人所在地不在城市市区,在县城、建制镇的,税率为3%
C. 纳税人所在地在县城、建制镇的,税率为5%
D. 纳税人所在地在城市市区的,税率为7%

6.1.3　判断改错题

[　　] 1. 一般纳税人按照购入扣税法计算增值税,准予抵扣进项税额;小规模纳税人按征收率计算增值税,不得抵扣进项税额。
改错:_____

[　　] 2. 提供交通运输业服务的一般纳税人增值税税率为6%。
改错:_____

[　　] 3. 一般纳税人设置"应交税费——应交增值税""应交税费——未交增值税"账户进行明细核算。
改错:_____

[　　] 4. 企业购进免税农产品时,除取得增值税专用发票或者海关进口增值税专用缴款书外,可按照农产品收购发票或者销售发票上注明的农产品买价和11%的扣除率计算进项税额,并准予从销项税额中抵扣。
改错:_____

[ ]5. 企业有应缴而未缴的增值税额,应借记"应交税费——应交增值税(转出未交增值税)"账户,贷记"应交税费——未交增值税"账户。
改错:_____

[ ]6. 企业缴纳当期的增值税,应借记"应交税费——未交增值税"账户,贷记"银行存款"账户。
改错:_____

[ ]7. 增值税纳税人进行纳税申报必须实行电子信息采集。使用防伪税控系统开具增值税专用发票的纳税人必须在抄报税成功后,方可进行纳税申报。
改错:_____

[ ]8. 小规模纳税人只需要设置"应交税费——应交增值税"明细账户核算增值税的应缴数、已缴数及欠缴或多缴数。
改错:_____

[ ]9. 纳税人在对消费税进行核算时应在"应交税费"账户下设置"应交消费税"明细账户进行会计核算,该明细账户采用多栏式记账。
改错:_____

[ ]10. 委托加工物资收回后用于连续生产应税消费品,按规定准予抵扣的,应按已由受托方代交的消费税,借记"应交税费——应交消费税"账户,贷记"应付账款"或"银行存款"等账户。
改错:_____

[ ]11. 除国家规定教育费附加的征收率为3%以外,根据沪财教〔2011〕10号,上海地方教育附加为2%,用于上海市教育事业发展。
改错:_____

6.2 技 能 训 练

6.2.1 计算题

1. 红森家具厂20×9年11月份销售家具一批,价税合计9 040 000元,增值税税率为13%。当月购进木材等原材料,不含税价款3 000 000元;购进材料支付运费,运输发票上显示的运费金额80 000元,增值税额7 200元。该家具厂上月没有未抵扣的进项税额。

要求:
(1) 计算当月销项税额。

（2）计算当月进项税额。

（3）计算当月应缴纳的增值税。

2. 万里香馄饨店系小规模纳税人，20×9年10月份销售商品合计数为12 360元（含税），适用的税率为3%，款项已全部收存银行。
要求：
（1）列式计算不含税销售额。

（2）列式计算销项税额。

（3）列式计算应缴10月份增值税额。

3. 蝴蝶日化公司将所产化妆品和护肤护发品组成成套化妆品出售，实现销售收入1 500 000元（不含增值税的销售额）。消费税税率为15%。
要求：计算应纳的消费税额。

4. 宏远商贸公司为增值税一般纳税人，本月将成本为 50 000 元的原材料委托华丰酒厂加工为药酒。药酒加工完毕收回时，取得华丰酒厂开具的增值税专用发票，发票上注明加工费用为 10 000 元，增值税额为 1 300 元，酒厂无同类药酒的销售价格。本月将收回的药酒全部对外销售，药酒的消费税税率为 10%。

要求：计算华丰酒厂应代收代缴的消费税额。

提示：

$$组成计税价格＝(材料成本＋加工费)÷(1－消费税税率)$$

材料成本是指委托方所提供加工材料的实际成本，但不包括收取的增值税额。

6.2.2 根据经济业务编制会计分录题

1. 光明企业将自产的 B 产品作为福利发放给职工，该产品成本 50 000 元，不含税售价 80 000 元，增值税税率 13%。

要求：编制会计分录。

2. 光明企业因管理不善盘亏 A 产品，该产品账面价值 50 000 元，增值税税率 13%。

要求：编制会计分录。

3. 红衣织布厂为一般纳税人,从农业生产者手中购入棉花一批,买价为 600 000 元,材料已验收入库,货款以银行承兑汇票支付。

要求:编制会计分录。

4. 久光超市为一般纳税人,20×9 年 3 月份零售 13% 税率的商品 1 130 000 元(含税),零售 9% 税率的商品 218 000 元(含税);3 月初进项税额有累计余额 140 000 元(法定扣除额),款项已全部收存银行。

要求:列式计算并作相关会计分录。(金额保留到分)

(1) 计算不含税销售额。

(2) 计算销项税额。

(3) 计算 3 月份应缴增值税额。

(4) 编制 3 月份销售商品分录。

(5) 编制 4 月月初缴纳增值税额时的分录。

5. 上海市宏远工厂 20×9 年 11 月份实际缴纳增值税额 425 000 元、缴纳消费税额 350 000 元。

要求：计算上海市宏远工厂该月应纳城市维护建设税和教育费附加，且以银行存款支付，并作出相应会计分录。

6.3 综 合 训 练

6.3.1 案例分析题

1. 上海东辉汽车贸易有限公司从上汽集团购入大众帕萨特轿车一辆用于销售，车款 170 000 元，增值税额 22 100 元（税率 13%），车辆购置附加费 1 700 元，运费 1 000 元。取得运输单位开具的增值税专用发票一张。货已收到，款项已全部用银行存款支付。

要求：分析回答、列式计算并作相关会计分录。

(1) 22 100 元的进项税额是否可以抵扣其销项税额？为什么？

(2) 1 000 元运费是含税的还是不含税的？

(3) 运费可抵扣的增值税额为多少?

(4) 编制会计分录。

2. 蝴蝶化妆品厂为增值税一般纳税人,20×9年5月业务情况如下:

(1) 发给特约经销商伊人公司口红30箱,出厂价3 400元/箱(不含增值税,含消费税,下同)。厂家为经销商开具了30箱化妆品的增值税专用发票,但该经销商当月未支付货款,厂家遂作为委托代销(经销商尚未提供代销清单)进行账务处理。

(2) 将同型号口红5箱作为福利发放给本厂职工,工厂按成本价计入应付福利费。

(3) 将同型号口红4箱销售给真优美美容院,每箱销售价3 400元,工厂开具增值税专用发票。

(4) 将同型号化妆品2箱送本厂校企合作的学生实训基地美容院使用。

月末,该厂实习生小王根据以上情况计算应纳消费税额4 080元(4×3 400×30%),并作如下会计分录:

借:税金及附加　　　　　　　　　　　　　　　　　　　　　　4 080
　　贷:应交税费　　　　　　　　　　　　　　　　　　　　　　4 080

要求:

请按税法有关规定,分析该厂计算的当月消费税应纳税额是否正确,如有错误(包括开具专用发票是否错误),请指出错在何处,并正确计算当月应纳消费税额,用正确的方法更正错误的会计处理。

6.3.2 会计核算综合实训题

1. 三联商业公司(一般纳税人)20×9年年初"应交税费——应交增值税"账户有借方余额8 300元,即未抵扣完的进项税额;1月份与2月份发生下列业务:

(1) 1月3日,购进A商品100 000元,增值税专用发票上注明的税额为13 000元,税率为13%,款已付,货已验收入库。

要求:编制会计分录。

(2) 1月5日,盘亏库存A商品50 000元(不含税),税率为13%,经查系管理不善所致。

要求:计算并编制会计分录。

应转出进项税额＝

(3) 1月30日,1月份共开出增值税专用发票的销售额800 000元,税额104 000元,开出普通发票的销售额共45 200元(零售、含税),其中:不含税销售额为40 000元,增值税额为5 200元。价款均已存入银行,税率均为13%。

要求:计算并编制会计分录。

1月份销项税额合计数＝

编制销售业务会计分录:

(4) 1月月末,对比"应交税费——应交增值税"账户各专栏的金额,结出该账户月末余额并登账。

要求:作出相关会计分录。

应交税费——应交增值税

年		凭证编号	摘要	借方			贷方		借或贷	余额
月	日			进项税额	转出未交增值税	已交税金	销项税额	进项税额转出		

(5) 2月4日,向税务机关缴纳1月份应缴的增值税,登账并结出余额。

要求:作出相关会计分录。

应交税费——未交增值税

年		凭证编号	摘要	借方	贷方	借或贷	余额
月	日						

2. 甲公司委托乙公司代为加工一批物资。
要求：根据下列业务作出相关会计处理。
(1) 20×9年4月1日甲公司发出加工物资,成本800 000元。

(2) 20×9年5月1日,甲公司支付加工费用100 000元,并支付增值税额13 000元。

(3) 20×9年5月1日,甲公司由受托方代收代缴消费税,消费税税率为10%。

(4) 如果收回后直接用于对外销售的,由受托方代缴的消费税计入加工物资的成本,则编制如下会计分录。
  a. 乙公司支付消费税时。

  b. 加工完毕,甲公司收回加工物资,准备直接销售给丁公司。

(5) 如果甲公司收回后再加工,然后出售给丁公司,则如何进行会计核算。
  a. 由受托方乙公司代缴的消费税额先记入"应交税费——应交消费税"账户的借方。

  b. 编制甲公司收回后再加工完毕的物资,需继续加工再销售的会计分录。

项目7 总账会计岗位核算操作

7.1 知 识 训 练

7.1.1 单项选择题

[ ]1. 下列各项中,符合收入定义的是( )。
　　A. 出售材料收入　　　　　　　　B. 出售无形资产净收益
　　C. 转让固定资产净收益　　　　　D. 向购货方收取的增值税销项税额

[ ]2. 某工业企业销售产品每件130元,若客户购买100件(含100件)以上,每件可得到30元的商业折扣。某客户20×9年11月10日购买该企业产品100件,按规定现金折扣条件为"2/10,1/20,n/30"。适用的增值税税率为13%。假定计算现金折扣时考虑增值税。该企业于11月29日收到该笔款项时,应给予客户的现金折扣为( )。
　　A. 0　　　　B. 100元　　　　C. 113元　　　　D. 1 100元

[ ]3. 企业对于已经发出但尚未确认销售收入的商品的成本,应借记( )会计账户。
　　A. "在途物资"　　　　　　　　B. "主营业务成本"
　　C. "发出商品"　　　　　　　　D. "库存商品"

[ ]4. 影响主营业务收入入账金额的是( )。
　　A. 商业折扣　　　　　　　　　　B. 代垫的运杂费
　　C. 一般纳税人的增值税　　　　　D. 所得税

[ ]5. 下列各项中,属于其他业务收入的是( )。
　　A. 罚款收入　　　　　　　　　　B. 出售固定资产收益
　　C. 材料销售收入　　　　　　　　D. 出售无形资产收益

[ ]6. 甲公司销售商品一批,商品的销售价款为3 000元,商业折扣10%,增值税税率为13%,现金折扣条件为"2/10,1/20,n/30"。甲公司销售商品时为对方代垫运费150元(不考虑运费的增值税抵扣问题)。应收账款的入账金额为( )元。
　　A. 2 490　　　B. 3 051　　　C. 3 201　　　D. 2 340

[ ]7. 企业已确认销售收入的售出商品发生销售折让,应( )。
　　A. 增加销售费用　　　　　　　　B. 冲减主营业务成本
　　C. 冲减主营业务收入　　　　　　D. 增加营业外支出

[ ]8. 甲公司为增值税一般纳税人,适用的增值税税率为13%。9月3日,甲公司向乙公司销售商品500件,每件标价4 000元(不含增值税),实际成本为2 500元。约定甲公司给予乙公司10%的商业折扣。当日商品发出,符合收入确认条件。9月18日,甲公司收到货款,不考虑其他因素,甲公司应确认的商品销售收入为(   )元。

    A. 1 895 400   B. 1 500 000   C. 1 800 000   D. 1 900 000

[ ]9. 下列各项中,应计入其他业务成本的是(   )。

    A. 库存商品盘亏净损失   B. 销售材料成本结转
    C. 向灾区捐赠的商品成本   D. 火灾导致原材料毁损净损失

[ ]10. 下列项目中,属于合同取得成本的是(   )。

    A. 差旅费
    B. 投标费
    C. 销售佣金
    D. 为准备投标资料发生的相关费用

[ ]11. 下列各项中,不通过税金及附加核算的有(   )。

    A. 印花税   B. 销售商品应缴纳的增值税
    C. 销售商品应缴纳的消费税   D. 城市维护建设税

[ ]12. 下列各项中,不应列入利润表中"财务费用"项目的是(   )。

    A. 发生的汇兑损益   B. 计提的短期借款利息
    C. 经营活动中支付银行借款的手续费   D. 筹建期间的借款利息

[ ]13. 20×9年5月,甲公司销售商品实际应缴纳增值税额60万元、应缴纳消费税额30万元;适用的城市维护建设税税率为7%,教育费附加为3%。假定不考虑其他因素,甲公司当月应计入利润表"税金及附加"项目的金额为(   )万元。

    A. 39   B. 43.5   C. 79   D. 99

[ ]14. 某企业某月销售生产的商品确认销售成本100万元,销售原材料确认销售成本15万元,本月发生现金折扣8.5万元。不考虑其他因素,该企业该月计入其他业务成本的金额为(   )万元。

    A. 120   B. 110   C. 15   D. 11.5

[ ]15. 业务招待费应计入(   )。

    A. 其他业务成本   B. 营业外支出
    C. 管理费用   D. 财务费用

[ ]16. 下列各项中,属于期间费用的是(   )。

    A. 财务费用   B. 生产费用   C. 营业成本   D. 制造费用

[ ]17. 下列各项中,不应计入企业销售费用的是(   )。

    A. 销售部门人员工资   B. 销售部门设备折旧费
    C. 销售产品广告费   D. 销售产品代垫运杂费

[ ]18. 下列各项中,应列入"营业成本"项目的有(   )。

    A. 销售材料成本   B. 无形资产处置净损失
    C. 固定资产盘亏净损失   D. 捐赠支出

[　　]19. 下列各项中,不应计入营业外收入的是(　　)。
　　　　A. 债务重组利得　　　　　　　　B. 处置报废固定资产净收益
　　　　C. 收发差错造成存货盘盈　　　　D. 确实无法支付的应付账款

[　　]20. 某企业为一般纳税人企业,增值税税率为13%。本期发生原材料意外灾害损失30万元(属于管理不善造成),经批准全部转作营业外支出。批准后计入营业外支出的金额为(　　)万元。
　　　　A. 30　　　　B. 33.9　　　　C. 27.41　　　　D. 6.59

[　　]21. 下列各项中,不应确认为营业外支出的是(　　)。
　　　　A. 公益性捐赠支出　　　　　　　B. 固定资产报废出售损失
　　　　C. 固定资产盘亏损失　　　　　　D. 固定资产减值损失

[　　]22. 下列各项中,不属于留存收益的是(　　)。
　　　　A. 资本溢价　　　　　　　　　　B. 任意盈余公积
　　　　C. 未分配利润　　　　　　　　　D. 法定盈余公积

[　　]23. 下列各项中,会使盈余公积减少的是(　　)。
　　　　A. 计提盈余公积　　　　　　　　B. 资本公积转增资本
　　　　C. 盈余公积转增资本　　　　　　D. 投资者投入资本

[　　]24. 某企业20×9年1月1日所有者权益构成情况如下:实收资本1 500万元,资本公积100万元,盈余公积300万元,未分配利润200万元。20×9年度实现利润总额为600万元,企业所得税税率为25%。假定不存在纳税调整事项及其他因素,该企业20×9年12月31日可供分配利润为(　　)万元。
　　　　A. 600　　　　B. 650　　　　C. 800　　　　D. 1 100

[　　]25. 《中华人民共和国公司法》规定,企业应按净利润的(　　)提取法定盈余公积。
　　　　A. 5%　　　　B. 10%　　　　C. 15%　　　　D. 25%

[　　]26. 年度终了,"本年利润"账户结账后,该账户的余额应为(　　)。
　　　　A. 全年实现的利润总额　　　　　B. 全年实现的净利润
　　　　C. 全年发生的亏损总额　　　　　D. 零

[　　]27. 公司制企业提取的法定盈余公积累计额达到注册资本的(　　)时,可以不再提取。
　　　　A. 15%　　　　B. 30%　　　　C. 50%　　　　D. 100%

[　　]28. 与"本年利润"账户没有对应关系的账户是(　　)。
　　　　A. 生产成本　　B. 主营业务成本　　C. 管理费用　　D. 财务费用

[　　]29. 下列各项中,根据明细账户期末余额分析计算填列的是(　　)账户。
　　　　A. "预收款项"　　　　　　　　　B. "在建工程"
　　　　C. "长期借款"　　　　　　　　　D. "应付票据"

[　　]30. 某日,大华公司的负债为7 455万元、非流动资产合计为4 889万元、所有者权益合计为3 000万元。当日该公司的流动资产合计应当为(　　)万元。
　　　　A. 2 556　　　　B. 4 455　　　　C. 1 899　　　　D. 5 566

[　　]31. 将分散的、零星的日常会计资料归纳整理为更集中、更系统、更概括的会计资料,以总括反映企业财务状况和经营成果的方法是(　　)。

A. 编制会计凭证 B. 编制记账凭证
C. 编制会计报表 D. 登记会计账簿

[ ]32. 资产负债表的下列资产项目中,自上而下的正确排列顺序是（　　）。
A. "货币资金""应收账款""在建工程""无形资产""长期股权投资"
B. "固定资产""货币资金""长期股权投资""应收账款""无形资产"
C. "货币资金""应收账款""固定资产""无形资产""长期股权投资"
D. "货币资金""应收账款""长期股权投资""固定资产""无形资产"

[ ]33. 资产负债表中,可以根据总账账户余额直接填列的项目是（　　）。
A. "交易性金融资产" B. "预收账款"
C. "预付账款" D. "其他应收款"

[ ]34. 下列资产负债表项目中,不能直接根据总账账户期末余额填列的项目是（　　）。
A. "资本公积" B. "长期借款" C. "短期借款" D. "实收资本"

[ ]35. "预付账款"账户所属有关明细账户的期末贷方余额,应填列在资产负债表的（　　）项目。
A. "预付账款" B. "应付账款" C. "预收账款" D. "应收账款"

[ ]36. 某企业有关账户期末余额如下:"原材料"账户借方余额 65 000 元,"库存商品"账户借方余额 60 000 元,"生产成本"账户借方余额 25 000 元,"材料成本差异"账户贷方余额 2 500 元。本期末资产负债表的"存货"项目的"期末余额"栏应填列金额是（　　）元。
A. 125 000 B. 147 500 C. 150 000 D. 152 500

[ ]37. 某企业期末"应付账款"账户为贷方余额 41 250 元,其所属明细账户的贷方余额合计为 41 250 元,所属明细账户的借方余额合计为 3 200 元;"预付账款"账户为借方余额 18 750 元,其所属明细账户的借方余额合计为 25 000 元,所属明细账的贷方余额合计为 6 250 元。该企业期末资产负债表中"应付账款"项目的"期末余额"栏应填列金额是（　　）元。
A. 22 500 B. 41 250 C. 45 000 D. 47 500

[ ]38. 关于资产负债表的格式,下列说法不正确的是（　　）。
A. 资产负债表主要有账户式和报告式
B. 我国的资产负债表采用报告式
C. 账户式资产负债表分为左、右两方,左方为资产,右方为负债和所有者权益
D. 负债和所有者权益按照求偿权的先后顺序排列

[ ]39. 资产负债表中的所有者权益反映的是在某一特定日期投资者拥有的（　　）总额。
A. 总资产 B. 净资产
C. 总负债 D. 未分配利润

[ ]40. 甲企业本期主营业务收入为 500 万元,主营业务成本为 300 万元,其他业务收入为 200 万元,其他业务成本为 100 万元,销售费用为 15 万元,资产减值损失为 45 万元,公允价值变动收益为 60 万元,投资收益为 20 万元。假定不考虑其他因素,该企业本期营业利润为（　　）万元。

A. 300　　　　　B. 320　　　　　C. 365　　　　　D. 380

[　]41. 某企业"应付账款"明细账期末余额情况如下:应付甲企业贷方余额为200 000元,应付乙企业借方余额为180 000元,应付丙企业贷方余额为300 000元。假如该企业"预付账款"明细账均为借方余额,则根据以上数据计算的反映在资产负债表上"应付账款"项目的金额为(　　)元。

A. 680 000　　　B. 320 000　　　C. 500 000　　　D. 80 000

[　]42. 下列各项中,不应列示在资产负债表中的流动资产部分的是(　　)。

A. 货币资金　　B. 应收账款　　C. 预付账款　　D. 在建工程

[　]43. 我国的利润表采用(　　)。

A. 单步式　　　B. 多步式　　　C. 账户式　　　D. 报告式

7.1.2 多项选择题

[　]1. 下列各项中,应计入工业企业其他业务收入的有(　　)。

A. 随同商品出售且单独计价的包装物取得的收入
B. 销售材料收入
C. 经营性出租固定资产实现的收入
D. 股权投资取得的现金收入

[　]2. 关于商业折扣的处理,下列表述不正确的有(　　)。

A. 销售企业应当将实际发生的商业折扣计入销售费用
B. 销售企业应当按照扣除商业折扣后的金额确定销售商品收入金额
C. 购买企业应按扣除商业折扣后的含税价款计入应付账款
D. 购买企业应当将享受的商业折扣冲减财务费用

[　]3. 下列选项中,表述正确的有(　　)。

A. 收入是指企业在日常活动中形成的
B. 收入按企业从事日常活动的性质不同,分为主营业务收入和其他业务收入
C. 其他业务收入是指企业为完成其经营目标所从事的与经常性活动相关的活动实现的收入
D. 主营业务收入是指企业为完成其经营目标所从事的经常性活动实现的收入

[　]4. 对于在某一时点履行的履约义务,企业应当在客户取得相关商品控制权时确认收入。在判断控制权是否转移时,企业应当综合考虑的迹象有(　　)。

A. 企业就该商品享有现时收款权利,即客户就该商品负有现时付款义务
B. 企业已将该商品的法定所有权转移给客户,即客户已拥有该商品的法定所有权
C. 企业已将该商品实物转移给客户,即客户已占有该商品实物
D. 客户已接受该商品

[　]5. 下列各项中,应记入利润表"税金及附加"项目的有(　　)。

A. 经营活动中计提的应交城市维护建设税
B. 销售应税消费品计提的消费税
C. 销售应税矿产品计提的资源税

D. 经营活动中计提的教育费附加

[　]6. 下列各项中,应计入销售费用的有(　　)。
A. 销售商品发生的售后服务费
B. 委托代销商品支付的手续费
C. 结转的随商品出售且单独计价的包装物成本
D. 预计的产品质量保证损失

[　]7. 下列各项中,应计入管理费用的有(　　)。
A. 企业筹建期间发生的开办费 B. 企业行政管理部门的办公费
C. 企业专设销售机构的业务费 D. 企业支付的年度财务报告审计费

[　]8. 下列各项中,应计入期间费用的有(　　)。
A. 销售商品发生的销售折让 B. 销售商品发生的售后服务费
C. 销售商品发生的商业折扣 D. 委托代销商品支付的手续费

[　]9. 构成企业利润的三个层次是(　　)。
A. 营业利润　　B. 利润总额　　C. 净利润　　D. 综合收益

[　]10. 下列各项中,应计入营业外收入的有(　　)。
A. 债务重组利得 B. 接受捐赠利得
C. 固定资产盘盈利得 D. 与企业日常活动无关的政府补助

[　]11. 下列各项,构成企业留存收益的有(　　)。
A. 资本溢价 B. 未分配利润
C. 任意盈余公积 D. 法定盈余公积

[　]12. 下列各项中,应计入营业外支出的有(　　)。
A. 非常损失 B. 罚款支出
C. 非流动性资产报废损失 D. 捐赠支出

[　]13. 会计期末结转本年利润的方法主要有(　　)。
A. 表结法　　B. 账结法　　C. 品种法　　D. 分批法

[　]14. 下列各项中,期末余额应转入"本年利润"账户的有(　　)账户。
A. "财务费用" B. "主营业务收入"
C. "营业外收入" D. "制造费用"

[　]15. 下列各项中,属于财务报表种类的有(　　)。
A. 年度财务报表 B. 中期财务报表
C. 个别财务报表 D. 合并财务报表

[　]16. 下列各项中,属于财务报表的有(　　)。
A. 利润表 B. 资产负债表
C. 现金流量表 D. 所有者权益变动表

[　]17. 下列各项中,属于企业应当在财务报表的显著位置至少披露的有(　　)。
A. 编报企业的名称
B. 人民币金额单位
C. 资产负债表日或财务报表涵盖的会计期间
D. 财务报表是合并财务报表的,应当予以标明

[ ]18. 下列各项中,属于编制财务报表之前需完成的任务的有(　　)。
　　A. 检查相关的会计核算是否按照国家统一的会计制度的规定进行
　　B. 进行全面财产清查、核实债务,并按规定程序报批,进行相应的会计处理
　　C. 按规定的结账日进行结账,结出有关会计账簿的余额和发生额,并核对各会计账簿之间的余额
　　D. 检查是否存在因会计差错、会计政策变更等原因需要调整前期或本期相关项目的情况等

[ ]19. 下列关于资产负债表作用的表述中,正确的有(　　)。
　　A. 可以反映所有者所拥有的权益
　　B. 可以反映企业在某一期间的财务状况
　　C. 可以提供某一日期资产的总额及其结构
　　D. 可以提供某一日期的负债总额及其结构

[ ]20. 下列关于利润表作用的表述中,正确的有(　　)。
　　A. 可以反映企业在某一时点的财务状况
　　B. 可以反映一定会计期间的费用耗费情况
　　C. 可以反映企业经济活动成果的实现情况
　　D. 可以反映企业一定会计期间收入的实现情况

[ ]21. 下列各项中,影响利润总额的有(　　)。
　　A. 营业收入　　　　　　　　　　B. 销售费用
　　C. 营业外收入　　　　　　　　　D. 所得税费用

[ ]22. 下列各项中,属于利润表包括的项目的有(　　)。
　　A. 净利润　　　　　　　　　　　B. 利润总额
　　C. 每股收益　　　　　　　　　　D. 综合收益总额

[ ]23. 下列各项中,不列入利润表"资产减值损失"项目的有(　　)。
　　A. 原材料盘亏损失　　　　　　　B. 固定资产减值损失
　　C. 应收账款减值损失　　　　　　D. 无形资产处置净损失

[ ]24. 下列会计报表中,属于中期会计报表的有(　　)。
　　A. 月度会计报表　　　　　　　　B. 季度会计报表
　　C. 半年度会计报表　　　　　　　D. 年度会计报表

7.1.3　判断改错题

[ ]1. 企业在销售商品时,虽然收入确认的其他条件得到满足,但估计价款收回可能性不大也不应确认收入。
　　改错:

[ ]2. 在某一时段内履行的履约义务,若能合理确定履约进度的,企业应于资产负债表日按照合同的交易价格总额乘以履约进度扣除以前会计期间累计已确认的收入后的金额,确认当期收入。
　　改错:

[ ]3. 对于在某一时段内履行的履约义务,当履约进度不能合理确定时,即使企业已

经发生的成本预计能够得到补偿,也不应确认收入。
改错：＿＿＿＿＿＿＿＿＿＿＿＿＿＿＿＿＿＿＿＿＿＿＿＿＿＿＿＿＿

[ ] 4. 非常损失,指企业因自然灾害而造成的损失,计入管理费用。
改错：＿＿＿＿＿＿＿＿＿＿＿＿＿＿＿＿＿＿＿＿＿＿＿＿＿＿＿＿＿

[ ] 5. 企业销售商品涉及商业折扣的,应按扣除商业折扣前的金额确定商品销售收入。
改错：＿＿＿＿＿＿＿＿＿＿＿＿＿＿＿＿＿＿＿＿＿＿＿＿＿＿＿＿＿

[ ] 6. 销售收入已经确认后发生的销售折让,应在实际发生时计入当期财务费用。
改错：＿＿＿＿＿＿＿＿＿＿＿＿＿＿＿＿＿＿＿＿＿＿＿＿＿＿＿＿＿

[ ] 7. 企业出售原材料取得的款项扣除其成本及相关费用后的净额,应当记入"营业外收入"账户或"营业外支出"账户。
改错：＿＿＿＿＿＿＿＿＿＿＿＿＿＿＿＿＿＿＿＿＿＿＿＿＿＿＿＿＿

[ ] 8. 费用是企业在非日常活动中发生的、会导致所有者权益减少的、与向所有者分配利润无关的经济利益的总流出。
改错：＿＿＿＿＿＿＿＿＿＿＿＿＿＿＿＿＿＿＿＿＿＿＿＿＿＿＿＿＿

[ ] 9. 税金及附加是指企业经营活动应负担的相关税费,包括消费税、城市维护建设税、增值税和资源税等。
改错：＿＿＿＿＿＿＿＿＿＿＿＿＿＿＿＿＿＿＿＿＿＿＿＿＿＿＿＿＿

[ ]10. 制造费用与管理费用不同,本期发生的管理费用直接影响本期损益,而本期发生的制造费用不一定影响本期的损益。
改错：＿＿＿＿＿＿＿＿＿＿＿＿＿＿＿＿＿＿＿＿＿＿＿＿＿＿＿＿＿

[ ]11. 企业出售固定资产应缴纳的增值税额,应列入利润表的"税金及附加"项目。
改错：＿＿＿＿＿＿＿＿＿＿＿＿＿＿＿＿＿＿＿＿＿＿＿＿＿＿＿＿＿

[ ]12. 某企业用银行存款支付税款滞纳金4万元,应计入管理费用。
改错：＿＿＿＿＿＿＿＿＿＿＿＿＿＿＿＿＿＿＿＿＿＿＿＿＿＿＿＿＿

[ ]13. 年度终了,只有在企业盈利的情况下,才应将"本年利润"账户的本年累计余额转入"利润分配——未分配利润"账户。
改错：＿＿＿＿＿＿＿＿＿＿＿＿＿＿＿＿＿＿＿＿＿＿＿＿＿＿＿＿＿

[ ]14. 年度终了,本年利润结转后,"本年利润"账户没有余额。
改错：＿＿＿＿＿＿＿＿＿＿＿＿＿＿＿＿＿＿＿＿＿＿＿＿＿＿＿＿＿

[ ]15. 企业利润分配的过程和结果关系到潜在股东的合法权益是否会得到保障。
改错：＿＿＿＿＿＿＿＿＿＿＿＿＿＿＿＿＿＿＿＿＿＿＿＿＿＿＿＿＿

[ ]16. 某企业在财产清查时查明盘亏固定资产一项,原价为60 000元,累计折旧为30 000元,报经批准处理后将导致营业利润减少30 000元。
改错：＿＿＿＿＿＿＿＿＿＿＿＿＿＿＿＿＿＿＿＿＿＿＿＿＿＿＿＿＿

[ ]17. 财务报表是会计主体对外提供的反映某一会计期间的财务状况和某一特定日期的经营成果、现金流量等会计信息的文件。
改错：＿＿＿＿＿＿＿＿＿＿＿＿＿＿＿＿＿＿＿＿＿＿＿＿＿＿＿＿＿

[ ]18. 年度财务报表至少应当包括资产负债表、利润表、现金流量表、所有者权益变

动表和附注,上述 5 个部分具有同等重要的程度。

改错:＿＿＿＿＿＿＿＿＿＿＿＿＿＿＿＿＿＿＿＿＿＿＿＿＿＿＿＿＿＿

[ ]19. 中期财务报表必须包括资产负债表、利润表、现金流量表、所有者权益变动表和附注。

改错:＿＿＿＿＿＿＿＿＿＿＿＿＿＿＿＿＿＿＿＿＿＿＿＿＿＿＿＿＿＿

[ ]20. 我国资产负债表由表头和表体两部分组成。表头部分应列明报表名称、编表单位名称、编制日期和金额记录单位;表体部分反映资产、负债和所有者权益的内容。

改错:＿＿＿＿＿＿＿＿＿＿＿＿＿＿＿＿＿＿＿＿＿＿＿＿＿＿＿＿＿＿

[ ]21. 资产负债表中的"长期借款"项目,应根据"长期借款"总账账户余额扣除"长期借款"账户所属的明细账户中将在资产负债表日起 1 年内到期的长期借款后的金额计算填列。

改错:＿＿＿＿＿＿＿＿＿＿＿＿＿＿＿＿＿＿＿＿＿＿＿＿＿＿＿＿＿＿

[ ]22. 资产负债表中的"应付账款"项目,应根据"应付账款"和"预付账款"两个账户所属的相关明细账户的期末借方余额合计数填列。

改错:＿＿＿＿＿＿＿＿＿＿＿＿＿＿＿＿＿＿＿＿＿＿＿＿＿＿＿＿＿＿

[ ]23. 在我国,企业应当采用多步式利润表。

改错:＿＿＿＿＿＿＿＿＿＿＿＿＿＿＿＿＿＿＿＿＿＿＿＿＿＿＿＿＿＿

[ ]24. 我国利润表通常包括表头和表体两部分。表头应列明报表名称、编表单位名称、编制日期、金额以及计量单位等内容;利润表的表体,反映形成经营成果的各个项目和计算过程。

改错:＿＿＿＿＿＿＿＿＿＿＿＿＿＿＿＿＿＿＿＿＿＿＿＿＿＿＿＿＿＿

[ ]25. 利润表"上期金额"栏应根据上年该期利润表"本期金额"栏内所列数字填列。

改错:＿＿＿＿＿＿＿＿＿＿＿＿＿＿＿＿＿＿＿＿＿＿＿＿＿＿＿＿＿＿

7.2 技 能 训 练

7.2.1 计算题

1. 20×9 年 4 月,甲公司当月实际应缴纳增值税额为 400 万元,应缴纳消费税额为 350 万元,城市维护建设税税率为 7%,教育费附加率为 3%。

要求:计算并编制相关分录。

(1) 计算应缴纳的城市维护建设税和教育费附加。

城市维护建设税额＝

教育费附加＝

（2）期末结转成本到本年利润。

2. 20×9 年度,甲公司有关损益类账户的发生额分别是:主营业务收入 600 000 元（贷方）,其他业务收入 40 000 元（贷方）,公允价值变动损益 25 000 元（贷方）,主营业务成本 450 000 元（借方）,其他业务成本 40 000 元（借方）,税金及附加 30 000 元（借方）,管理费用 25 000 元（借方）,财务费用 15000 元（借方）,营业外收入 80000 元（贷方）,营业外支出 10 000 元（借方）,所得税费用 13 500 元（借方）。

要求:计算该公司的营业利润、利润总额、净利润。

营业利润＝

利润总额＝

净利润＝

7.2.2 根据经济业务编制会计分录题

1. 乙公司为增值税一般纳税人企业，增值税税率为13%。销售商品时同时结转成本。20×9年5月份发生下列销售业务：

(1) 3日，向A公司销售商品1 000件，每件商品的标价为90元。为了鼓励多购商品，华兴公司同意给予A公司10%的商业折扣。开出的增值税专用发票上注明的售价总额为81 000元，增值税额为10 530元。该商品成本为55元/件。商品已发出，货款已收存银行。

(2) 5日，向B公司销售商品一批，开出的增值税专用发票上注明的售价总额为50 000元，增值税额为6 500元，销售成本为40 000元。

(3) 13日，收到B公司的全部款项，并存入银行。假定计算现金折扣时不考虑增值税额。

(4) 20日，A公司发现所购商品不符合合同规定的质量标准，要求乙公司在价格上再给予5%的销售折让。经查明后，乙公司同意给予折让，开出相关证明，开具增值税专用发票(红字)。

要求：编制乙公司上述销售业务的会计分录。

("应交税费"账户要求写出明细账户)

(1)

(2)

(3)

(4)

2. 甲公司是一家装修企业,为增值税一般纳税人,20×9年12月1日,甲公司通过竞标与乙公司签订一项服务期为20个月的装修合同,合同约定不含税装修价款为3 200万元。当月,甲公司为履行与乙公司的合同,累计发生装修成本100万元,其中,装修人员薪酬为50万元,水电费为10万元,装修设备折旧费为40万元。水电费已通过银行存款支付,装修人员薪酬尚未支付,为完成该合同甲公司估计还将发生装修成本1 900万元。12月31日,甲公司收到乙公司支付的合同价款160万元和增值税额14.4万元,全部款项已收存银行并开具增值税专用发票给乙公司。甲公司确认当月合同收入并结转合同履约成本。该装修合同属于在某一时段内履行的单项履约义务,甲公司按照累计实际发生的成本占预计总成本的比例确定履约进度。

要求:编制甲公司12月份上述业务的会计分录。

3. 乙公司20×9年有关损益类账户的年末余额如下表所示(该企业采用表结法年末一次结转损益类账户,所得税税率为25%)。

乙公司有关账户年末余额

单位:万元

账户名称	结账前借方余额	结账前贷方余额
主营业务收入		650
其他业务收入		70
公允价值变动损益		15
投资收益		60
营业外收入		5
主营业务成本	400	
其他业务成本	40	
税金及附加	10	
销售费用	50	
管理费用	80	
财务费用	20	
资产减值损失	30	
营业外支出	30	

要求：根据下列业务进行会计处理。

(1) 将各损益类账户年末余额结转入"本年利润"账户。

a. 结转各项收入、利得类账户。

b. 结转各项费用、损失类账户。

(2) 确认所得税费用。

20×9 年度应纳税所得额（利润总额）＝

20×9 年度应缴纳所得税额＝

(3) 将"本年利润"账户年末余额转入"利润分配——未分配利润"账户。

4. 企业年初未分配利润为 100 万元，本年实现的净利润为 200 万元。分别按 10% 提取法定盈余公积和任意盈余公积，向投资者分配利润 150 万元。

要求：编制企业相关分录。

(1) 当年实现净利润。

（2）提取法定盈余公积和任意盈余公积。

（3）向投资者分配利润。

（4）结转利润分配明细账户。

7.2.3 填表题

1. 某公司所得税税率为 25%，该公司 20×9 年 11 月份的利润表如下表所示。

利润表（简表）
20×9 年 11 月

编制单位：某公司　　　　　　　　　　　　　　　　　　　　　　　　单位：元

项　目	本期金额	本年累计金额
（1）营业收入	略	2 985 000
减：营业成本		1 500 000
税金及附加		88 000
销售费用		210 000
管理费用		350 000
财务费用		4 000
资产减值准备		3 000
（2）营业利润（损失以"－"号填列）		830 000
加：营业外收入		3 000
减：营业外支出		8 000
（3）利润总额（损失以"－"号填列）		825 000
减：所得税费用		206 250
（4）净利润（亏损以"－"号填列）		618 750

该公司 12 月份发生以下经济业务：

（1）对外销售甲商品 3 500 件，单价 68 元，增值税税率为 13%，已办妥银行托收货款手续。

（2）因债权人破产，一笔 7 000 元的应付款项无法支付，经批准转作营业外收入。

（3）计算分配本月应付职工工资共计 40 000 元。其中，管理部门 25 000 元，专设销售机构人员工资 15 000 元。

（4）计提本月办公用固定资产折旧 1 200 元。

（5）结转已销售的 3 500 件甲商品的销售成本 140 000 元。

（6）将本月实现的损益结转至"本年利润"账户。

要求：根据上述资料，计算并填列该公司 20×9 年利润表（填列表中①、②、③、④、⑤的本期金额及相应本年累计金额）。

某公司利润表（简表）
20×9 年

编制单位：某公司　　　　　　　　　　　　　　　　　　　　　　　　　　　单位：元

项　目	本期金额	本年累计金额
（1）营业收入	①	略
减：营业成本		
税金及附加		
销售费用		
管理费用	②	
财务费用		
资产减值准备		
（2）营业利润（损失以"－"号填列）	③	
加：营业外收入		
减：营业外支出		
（3）利润总额（损失以"－"号填列）	④	
减：所得税费用		
（4）净利润（亏损以"－"号填列）	⑤	

7.3 综合训练

7.3.1 案例分析题

MJ 公司 20×8 年度与 20×9 年度的资产负债表如下表所示。

MJ 公司资产负债表(简表)

单位:元

项 目	20×8 年	20×9 年
货币资金	85 732	93 290
交易性金融资产	7 600	8 200
应收票据	6 590	5 900
应收账款	16 800	16 500
预付款项	17 000	13 400
存货	122 381	130 550
其他流动资产	25 202	32 179
流动资产合计	281 305	300 019
长期股权投资	3 437	5 000
固定资产	541 900	533 950
无形资产	67 220	68 600
非流动资产合计	612 557	607 550
资产总额	893 862	907 569
短期借款	86 000	70 000
应付账款	46 500	36 400
应付职工薪酬	15 400	12 600
应交税费	8 462	4 600
流动负债合计	156 362	123 600
长期借款	100 000	150 000
实收资本	500 000	500 000
资本公积	26 481	28 963
盈余公积	15 874	16 894
未分配利润	95 145	88 112
负债及所有者权益合计	893 862	907 569

要求:

(1) 问 MJ 公司 20×9 年度与 20×8 年度相比,资产总额有何变化?

(2) 问 MJ 公司 20×9 年度变化最大的资产项目是什么？变化最小的资产项目又是什么？

(3) 问 MJ 公司的资产构成以什么资产为主？说出最主要的三个资产项目。

(4) 问 MJ 公司的存货项目 20×9 年度与 20×8 年度相比有何变化？

(5) 问在 MJ 公司的资金来源中，占比最大的项目是什么？20×9 年度变化最大的权益项目是什么？

(6) 结合资产负债表中信息，对 MJ 公司的财务状况作简要评述。

7.3.2 会计核算综合实训题

1. 大宇公司为增值税一般纳税人，其20×9年7月1日期初余额如下表所示。

期初余额表

单位：元

资产	借方余额	贷方余额	权益	借方余额	贷方余额
库存现金	4 200		短期借款		162 000
银行存款	61 000		应付账款		37 000
其他货币资金	20 000		——C公司		63 000
应收账款	36 000		——D公司	26 000	
——甲公司	45 000		预收账款		17 000
——乙公司	12 000		——丁公司	22 000	
——丙公司		21 000	——戊公司		39 000
坏账准备		2 500	应付职工薪酬		12 700
——应收账款		2 200	应交税费		50 000
——其他应收款		300	应付股利		30 000
预付账款	7 000		实收资本		400 000
——A公司	12 000		资本公积		42 000
——B公司		5 000	盈余公积		36 000
其他应收款	13 000		利润分配		
原材料	50 000		——未分配利润		66 000
库存商品	35 000				
生产成本	26 000				
固定资产	830 000				
累计折旧		260 000			
无形资产	45 000				
累计摊销		12 000			

7月发生经济业务如下：

（1）2日，向D公司购买原材料，货款30 000元，增值税额3 900元，材料验收入库，货款未付。

（2）5日，向乙公司销售产品一批，售价25 000元，增值税额3 250元，产品发出，收到该公司29 250元货款。该批产品成本为16 000元。

（3）10日，生产产品领用原材料15 000元，车间领用原材料2 000元。

（4）15日，计提车间固定资产折旧费12 000元，管理部门固定资产折旧费2 000元。

（5）18日，以银行存款支付产品销售的场地租赁费5 000元。

(6) 26 日,收回甲公司的前欠款。
(7) 31 日,结转本期制造费用。
要求:
(1) 逐笔编制大宇公司上述交易或事项的会计分录("应交税费"账户要写出明细科目及专栏名称)。

(2) 计算大宇公司至 7 月 31 日止的"存货"项目、"应收账款"项目、"预收账款"项目、"应付账款"项目、"预付账款"项目应填列的金额。

存货＝

应收账款＝

预收账款＝

应付账款＝

预付账款＝

2. 甲公司为增值税一般纳税人,适用的增值税税率为 13%。商品、原材料售价中不含增值税。假定销售商品、原材料均符合收入确认条件,其成本在确认收入时逐笔结转,不考虑其他因素。20×9 年 5 月,甲公司发生如下交易或事项:

(1) 销售商品一批,按商品标价计算的金额为 200 万元,由于是成批销售,甲公司给予客户 10% 的商业折扣并开具了增值税专用发票,款项尚未收回。该批商品实际成本为 150 万元。

(2) 向本公司行政管理人员发放自产产品作为福利,该批产品的实际成本为 10 万元,市场售价为 12 万元。

(3) 销售一批原材料,增值税专用发票上注明售价 100 万元,款项收到并存入银行。该批材料的实际成本为 60 万元。

(4) 以银行存款支付管理费用 20 万元、财务费用 10 万元、营业外支出 5 万元。

要求:

(1) 逐笔编制甲公司上述交易或事项的会计分录("应交税费"账户要写出明细账户及专栏名称)。

(2) 计算甲公司 5 月的营业收入、营业成本、营业利润、利润总额。

营业收入=

营业成本=

营业利润=

利润总额=